原三信と日本最古の翻訳解剖書

原　寛

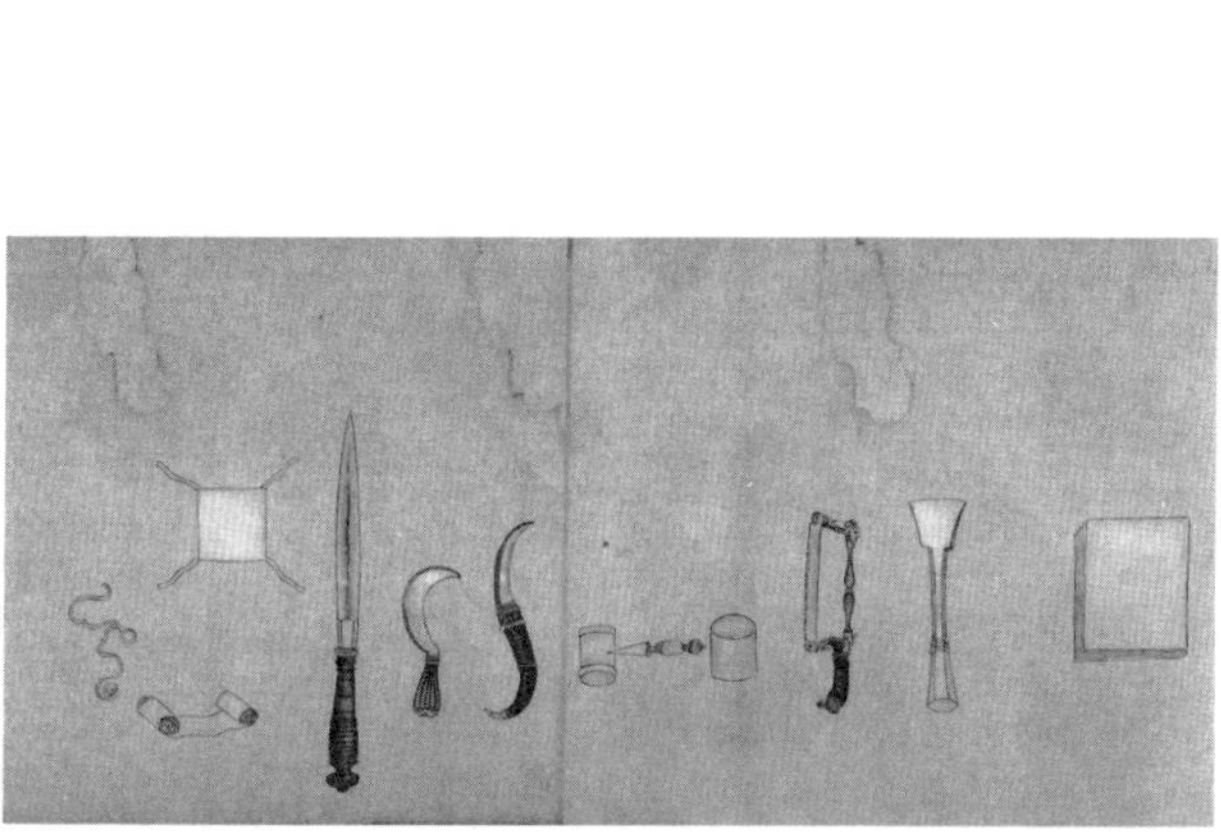

石風社

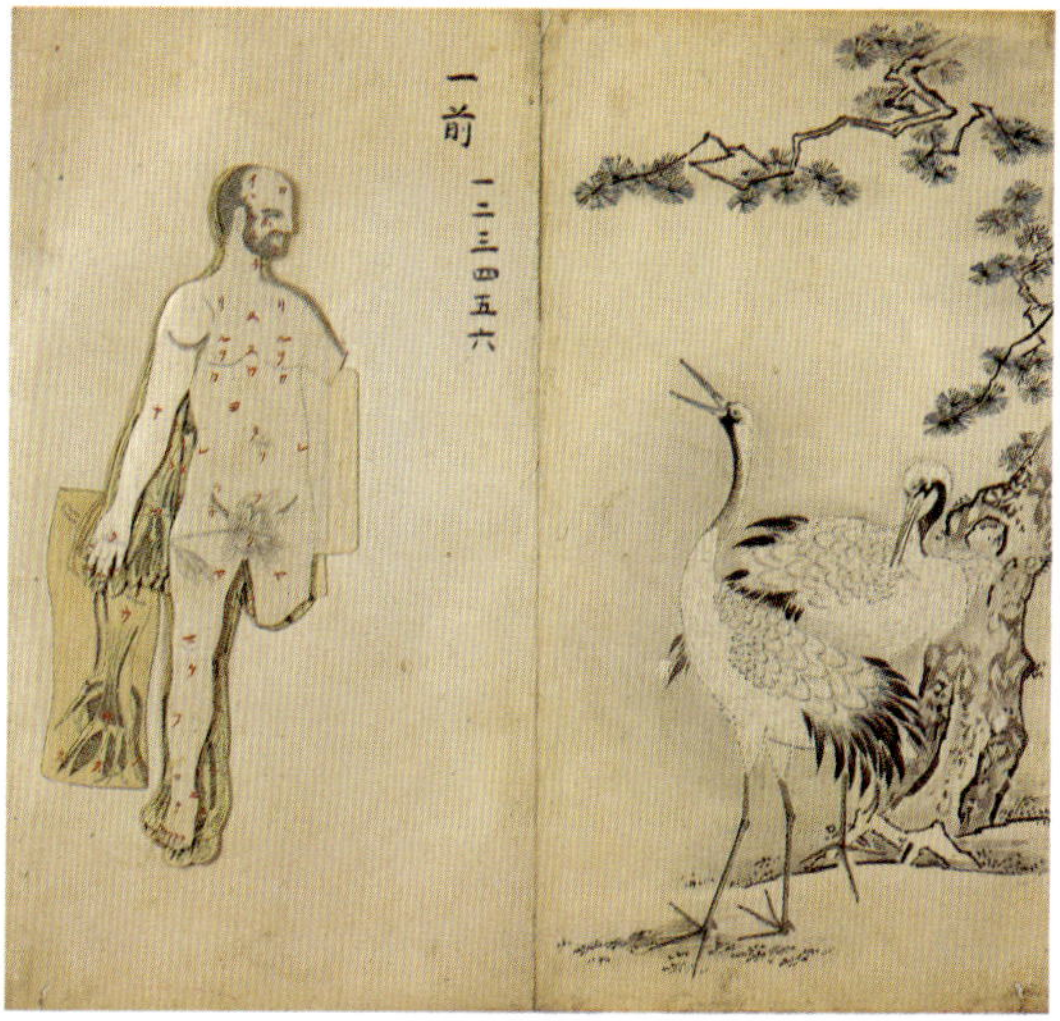

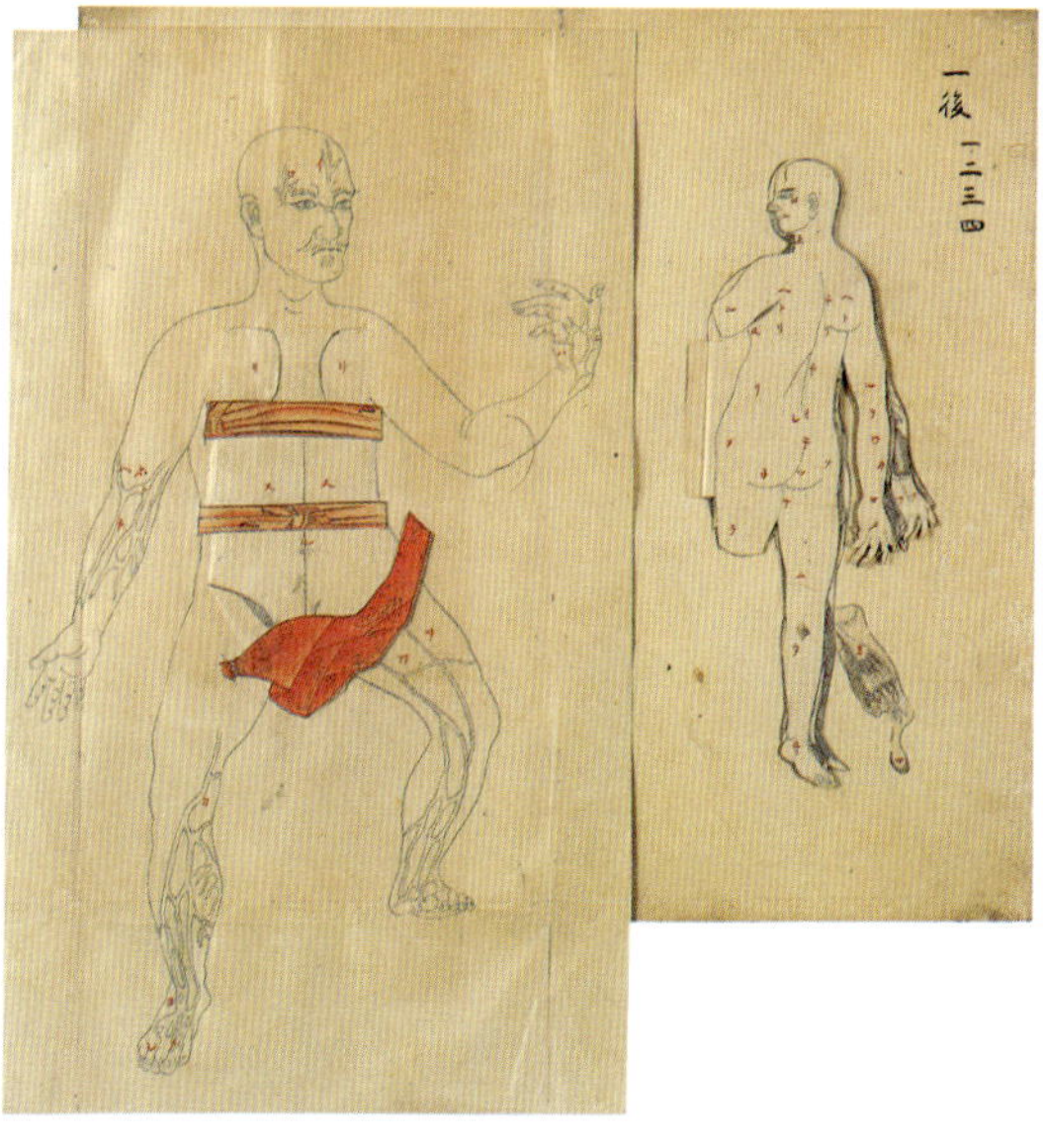

筑前藩医原三信が長崎に遊学中、貞享四（一六八七）年に模写したレメリンの解剖書の写本
＊同書は、臓器の紙型を身体図の中に組み込み、めくるごとに身体内の臓器が現れる重層的な解剖図である。

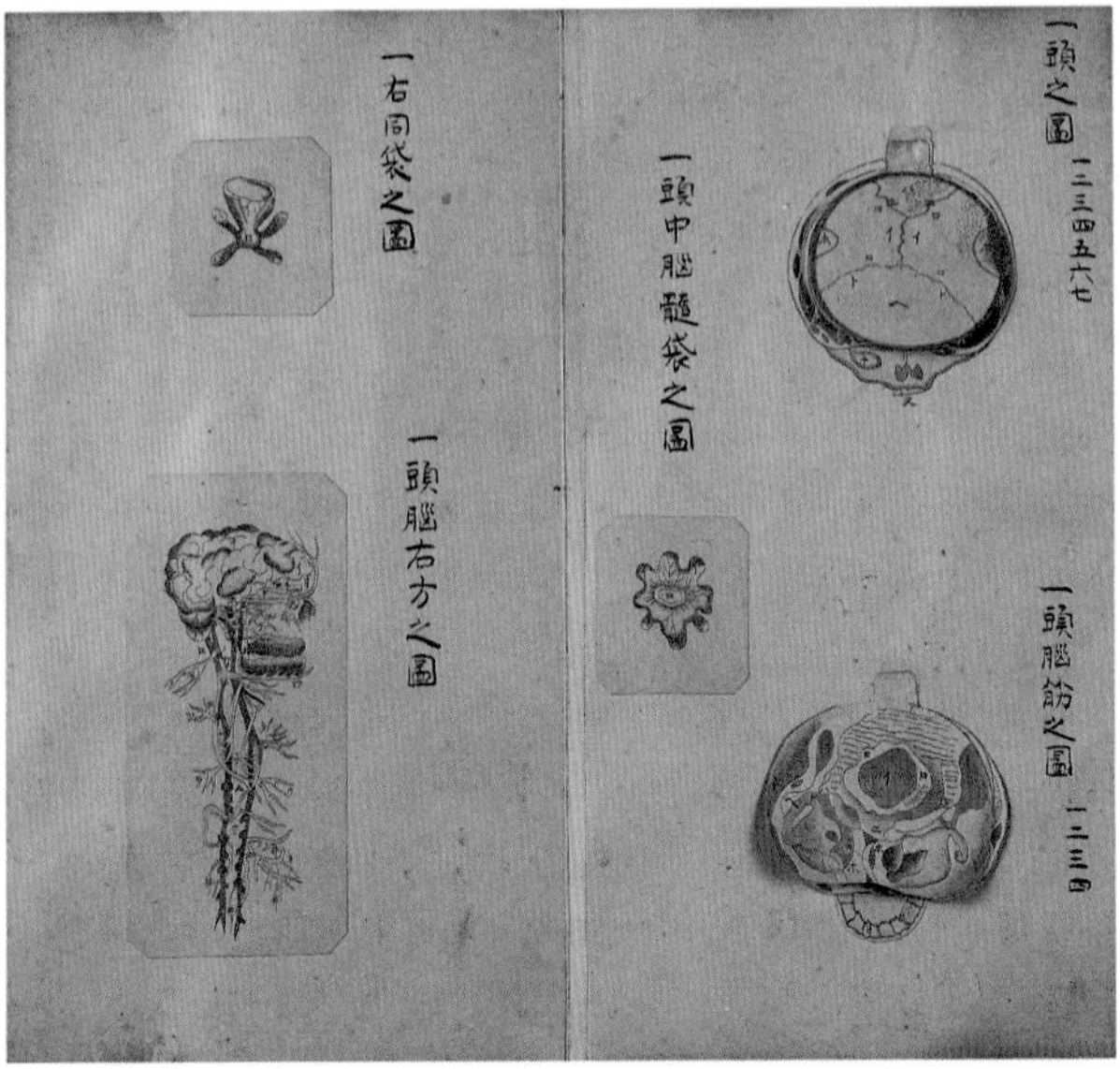

頭部および脳、脊椎の部分図

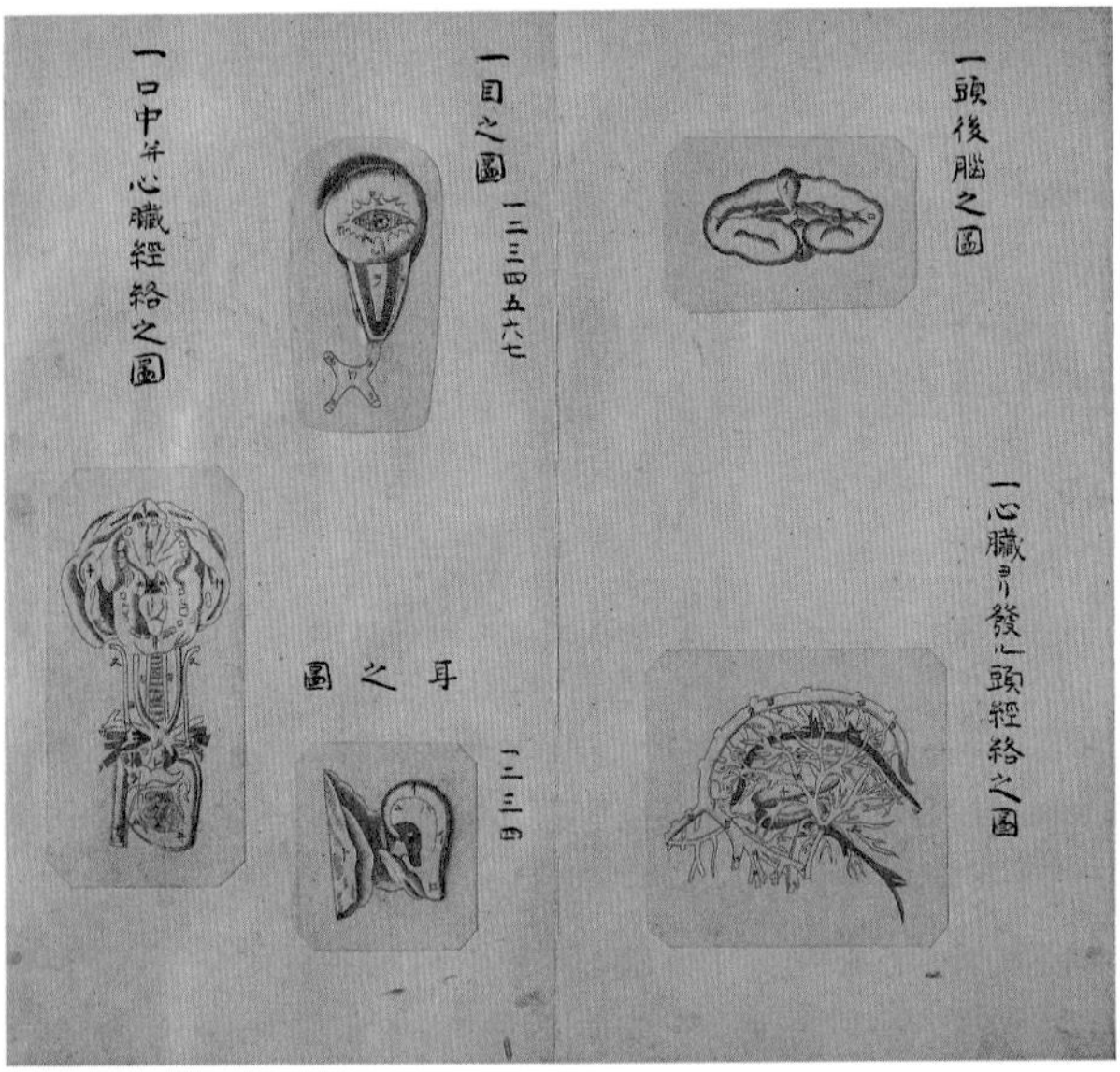

脳および眼、耳の部分図

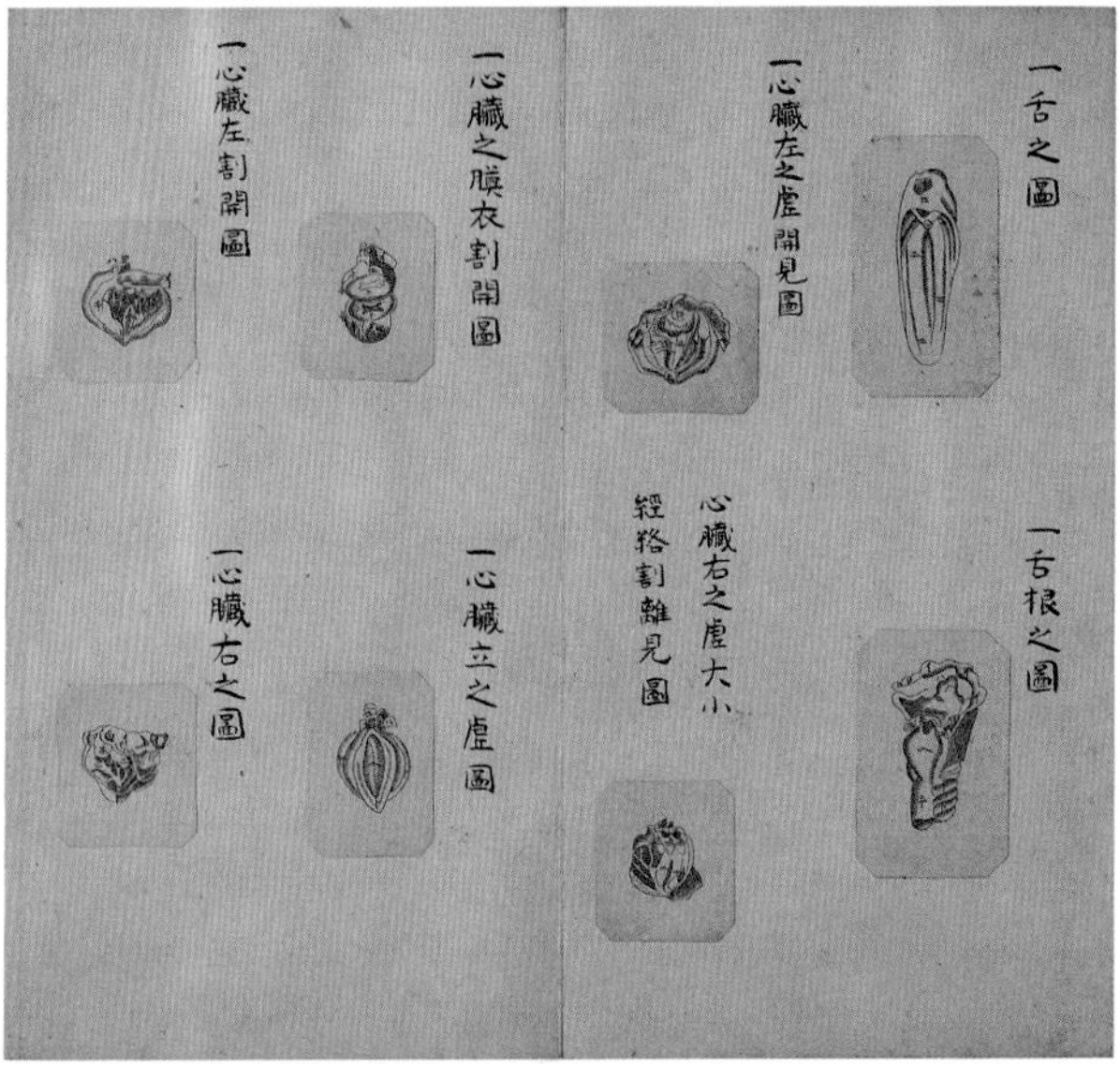

舌および咽頭、心臓の部分図

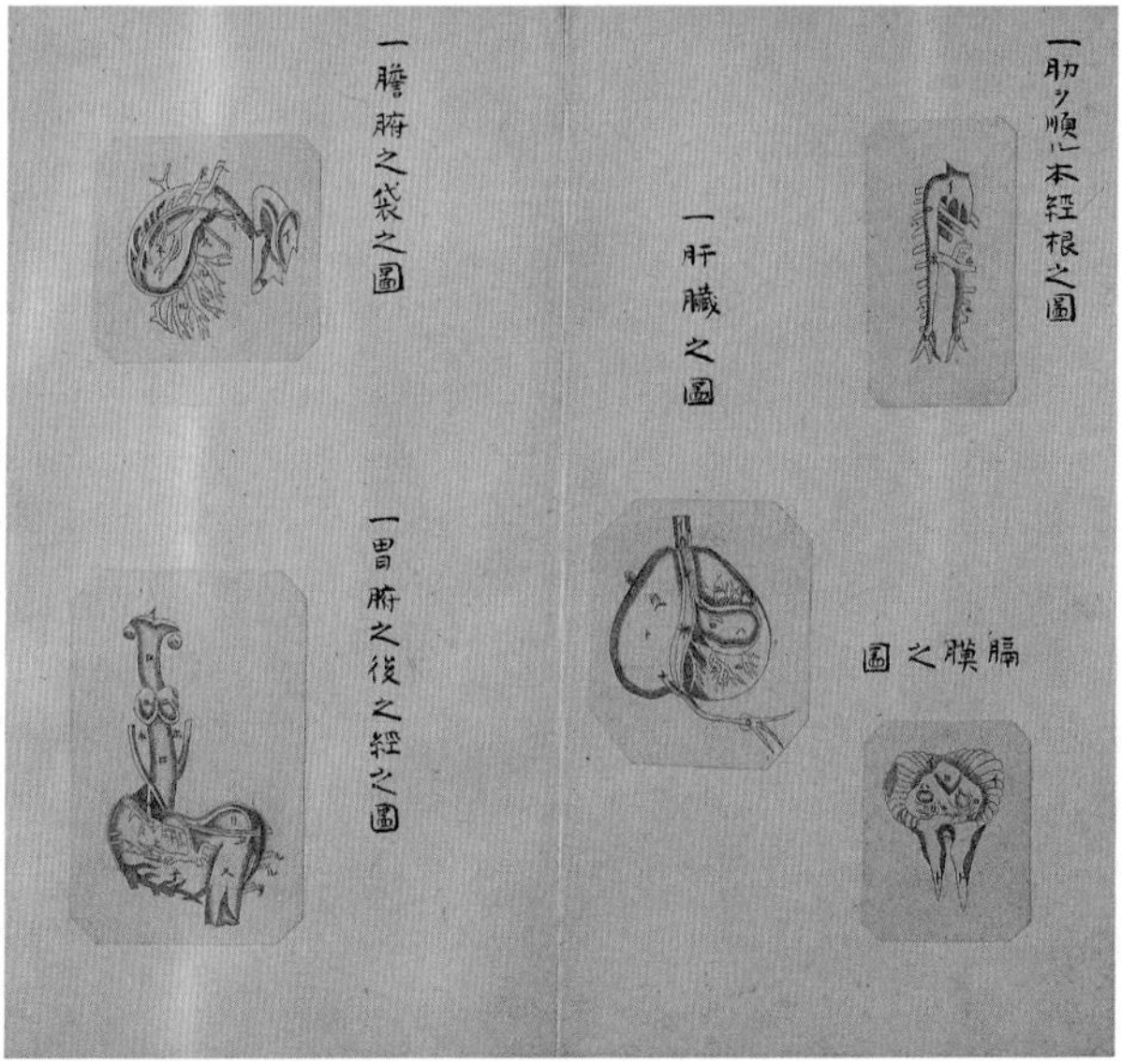

大動脈、横隔膜、肝臓と胆嚢、胃および食道の部分図

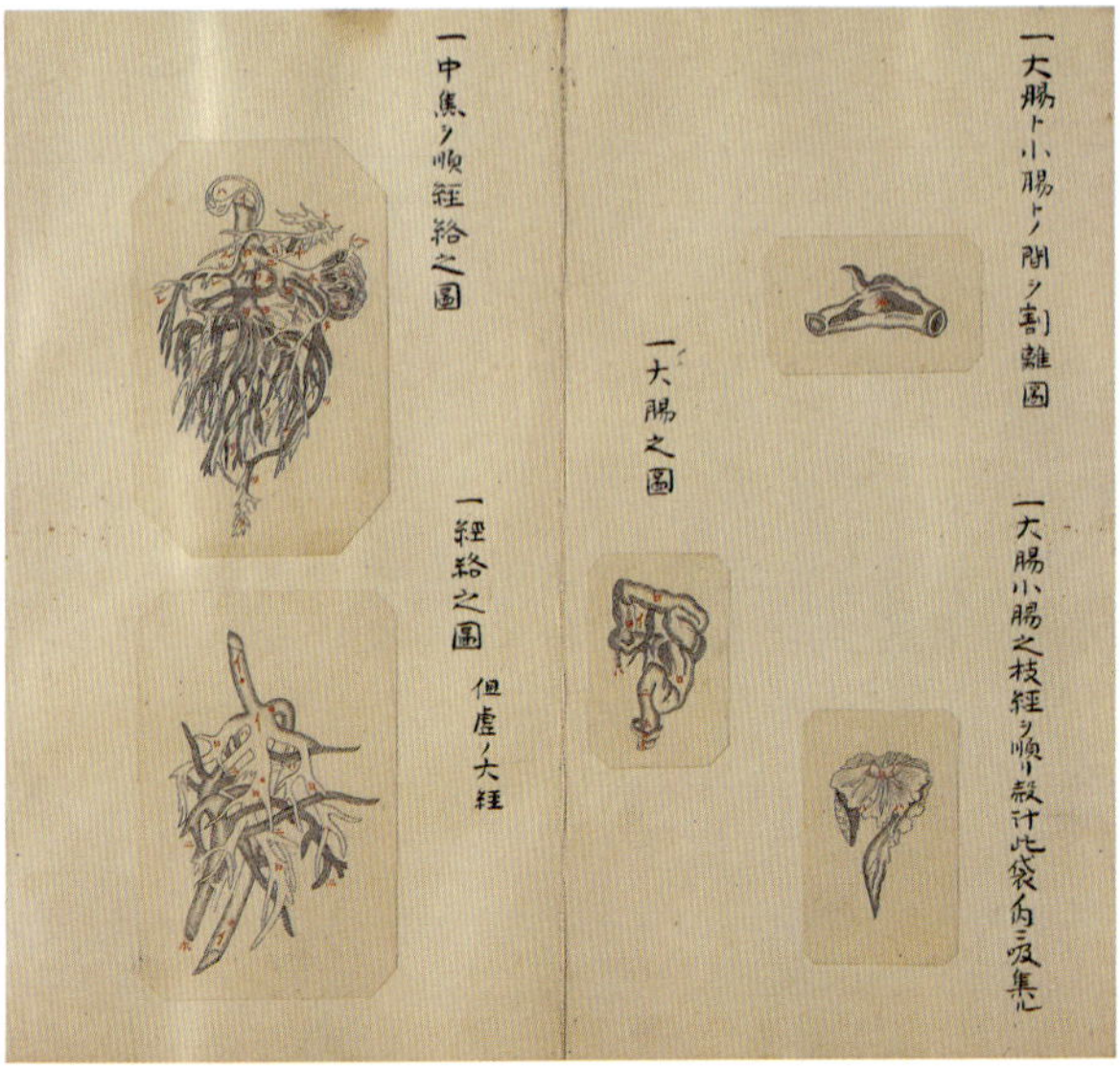

小腸、大腸、腸間膜の部分図

門脈ならびに脾臓内の静脈、下大静脈の部分図

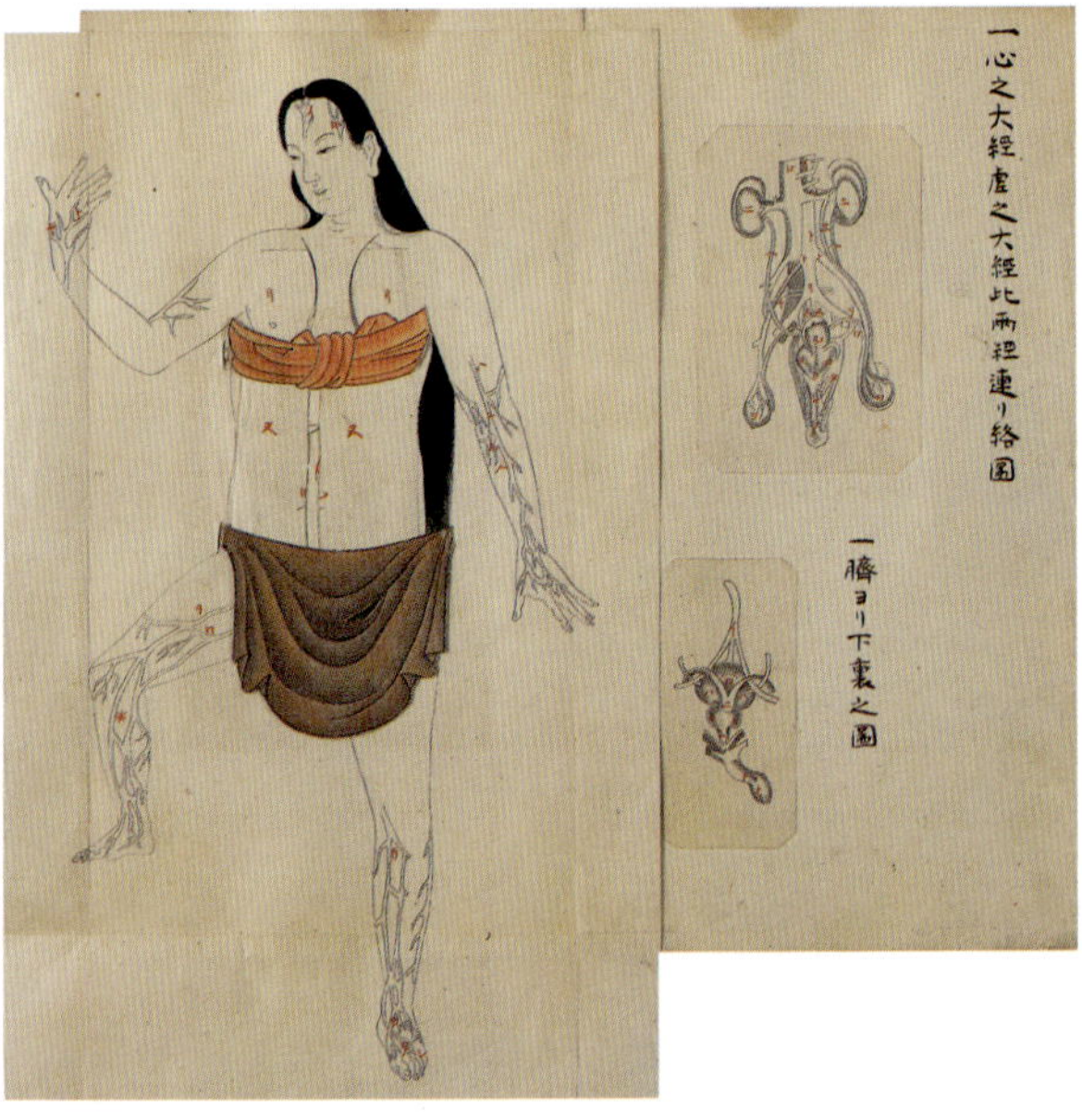

男性生殖器および泌尿器期の部分図

女体の胸部ならびに腹部臓器・女性生殖器の解剖図

女性生殖器および泌尿器、子宮頸部、子宮と膣の部分図

懐胎の図

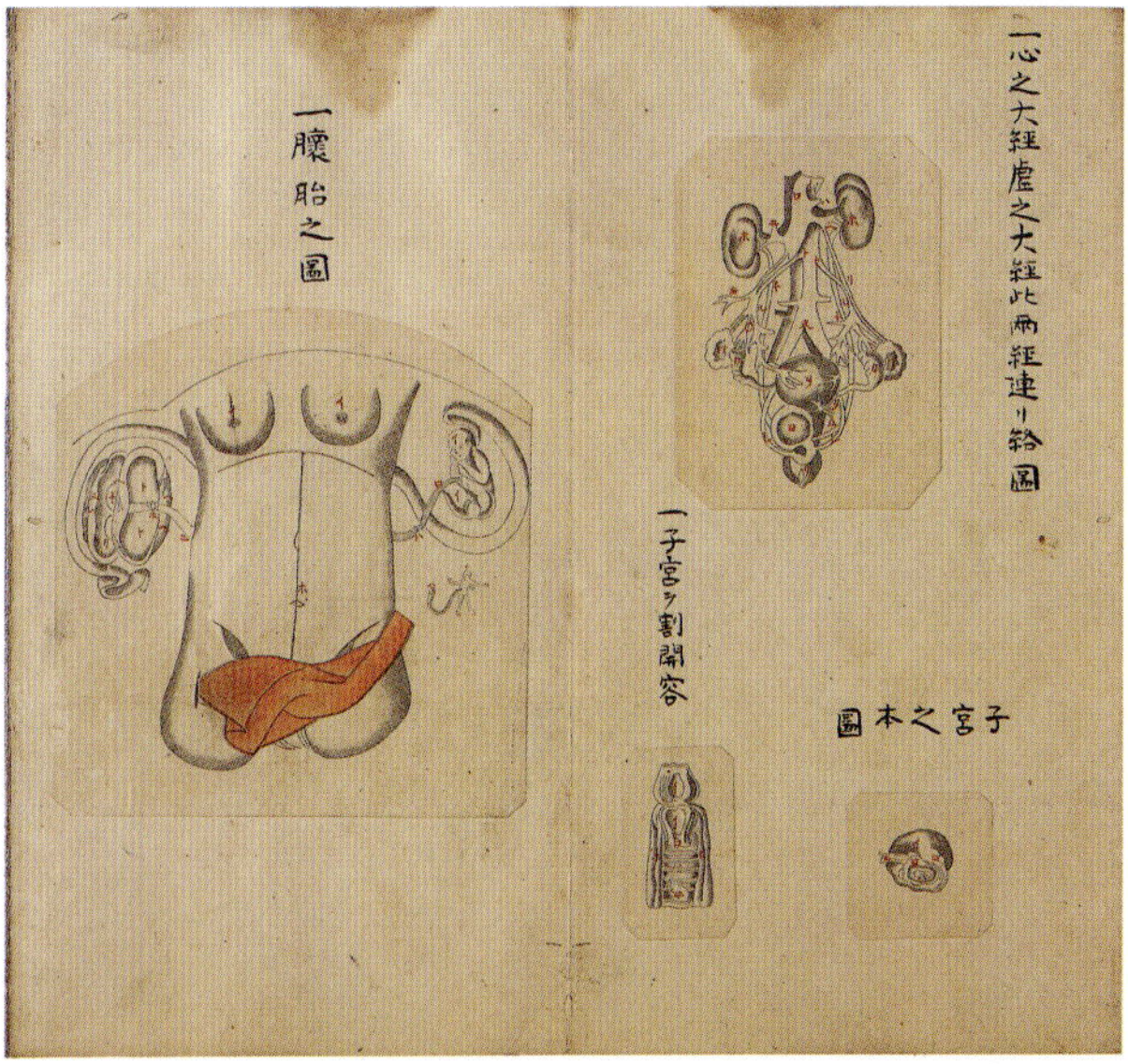

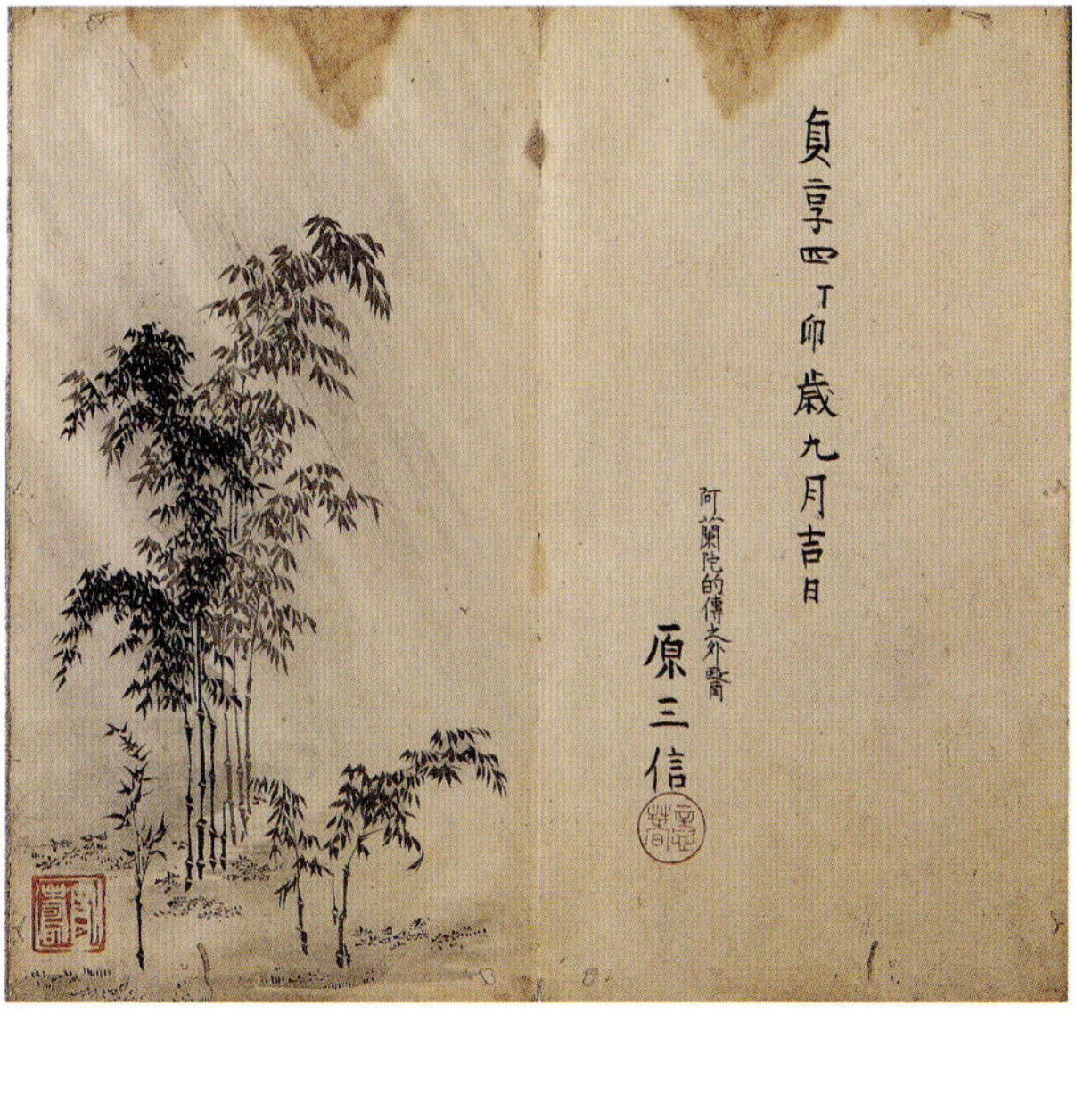

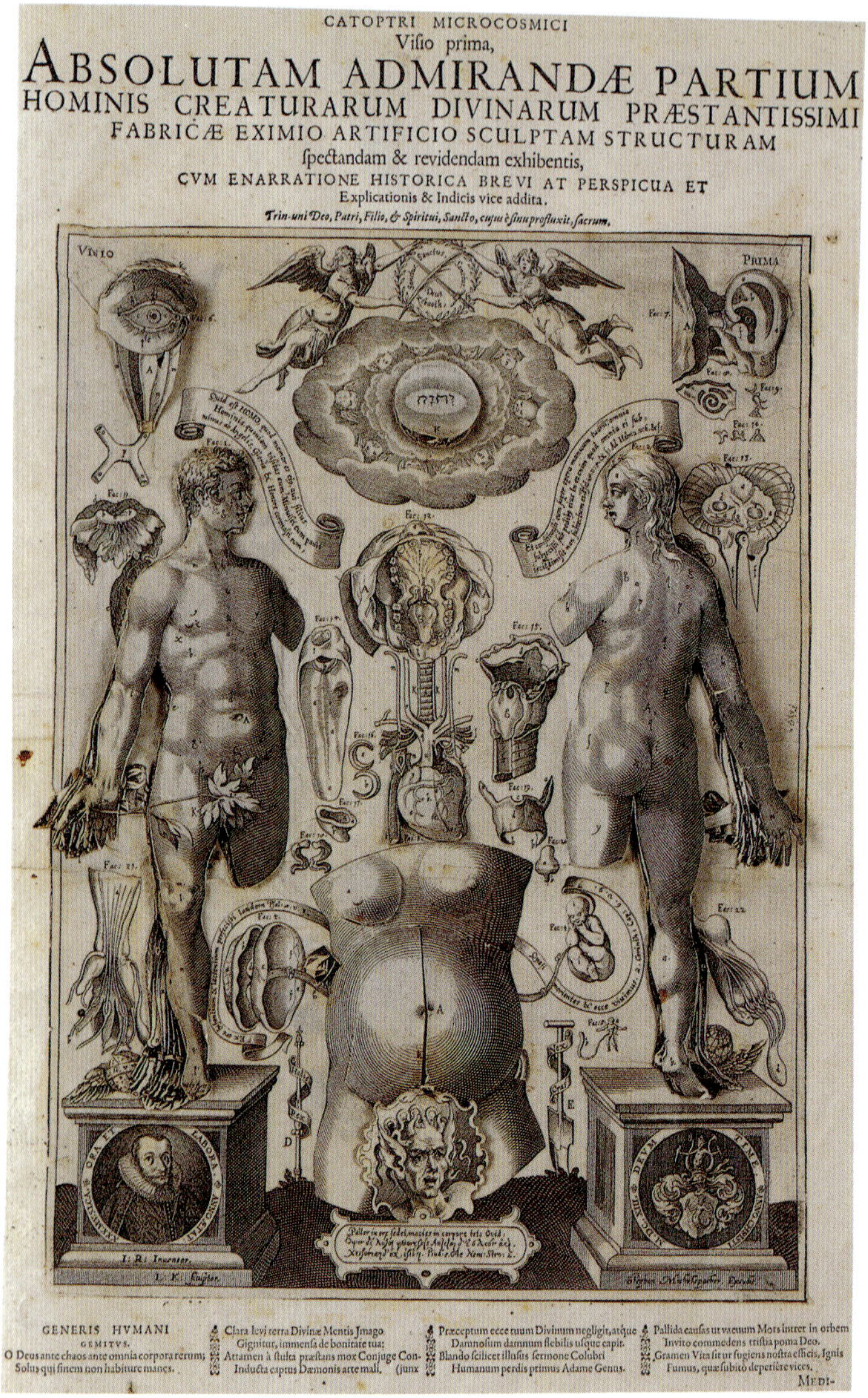

J.Remmelin の解剖書第一図（初版1613年刊）

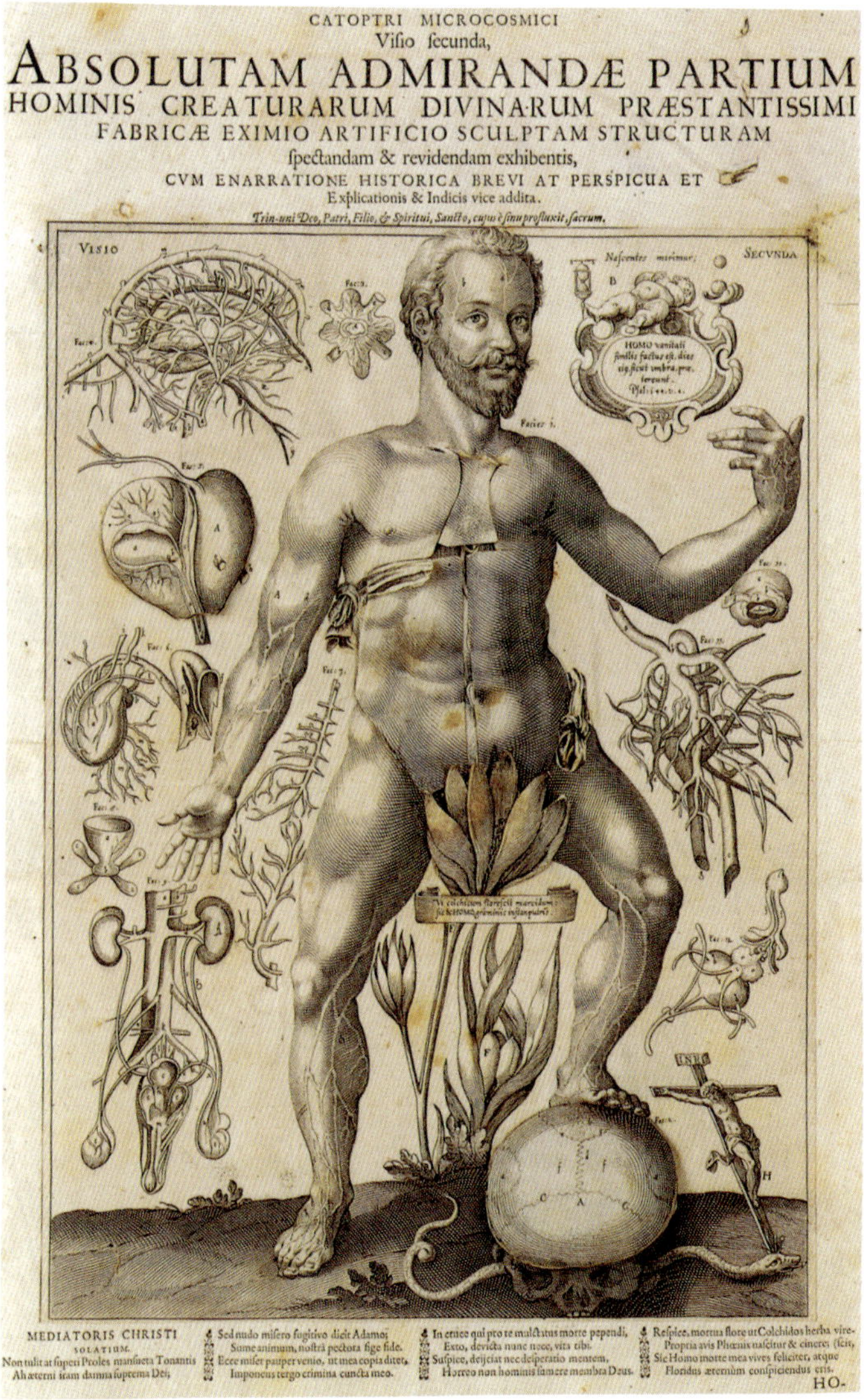
CATOPTRI MICROCOSMICI
Visio secunda,
ABSOLUTAM ADMIRANDÆ PARTIUM
HOMINIS CREATURARUM DIVINARUM PRÆSTANTISSIMI
FABRICÆ EXIMIO ARTIFICIO SCULPTAM STRUCTURAM
spectandam & revidendam exhibentis,
CVM ENARRATIONE HISTORICA BREVI AT PERSPICUA ET
Explicationis & Indicis vice addita.
Trin-uni Deo, Patri, Filio, & Spiritui, Sancto, cujus è sinu profluxit, sacrum.
VISIO
SECVNDA
Nascentes morimur.
HOMO vanitati similis factus est, dies ejus sicut umbra prætereunt.
MEDIATORIS CHRISTI
SOLATIUM.
Non tulit at superi Proles mansueta Tonantis
Ah æterni iram damna supprema Dei;
Sed nudo misero fugitivo dicit Adamo;
Sume animum, nostrâ pectora fige fide.
Ecce miser pauper venio, ut mea copia ditet,
Imponens tergo crimina cuncta meo.
In cruce qui pro te mulctatus morte pependi,
Esto, devicta nunc nece, vita tibi.
Suspice, deijciat nec desperatio mentem,
Horreo non hominis sumere membra Deus.
Respice, mortua flore ut Colchidos herba vire-
Propria avis Phœnix nascitur & cinere; (scis,
Sic Homo morte mea vives feliciter, atque
Floridus æternùm conspiciendus eris.
HO-

第二図

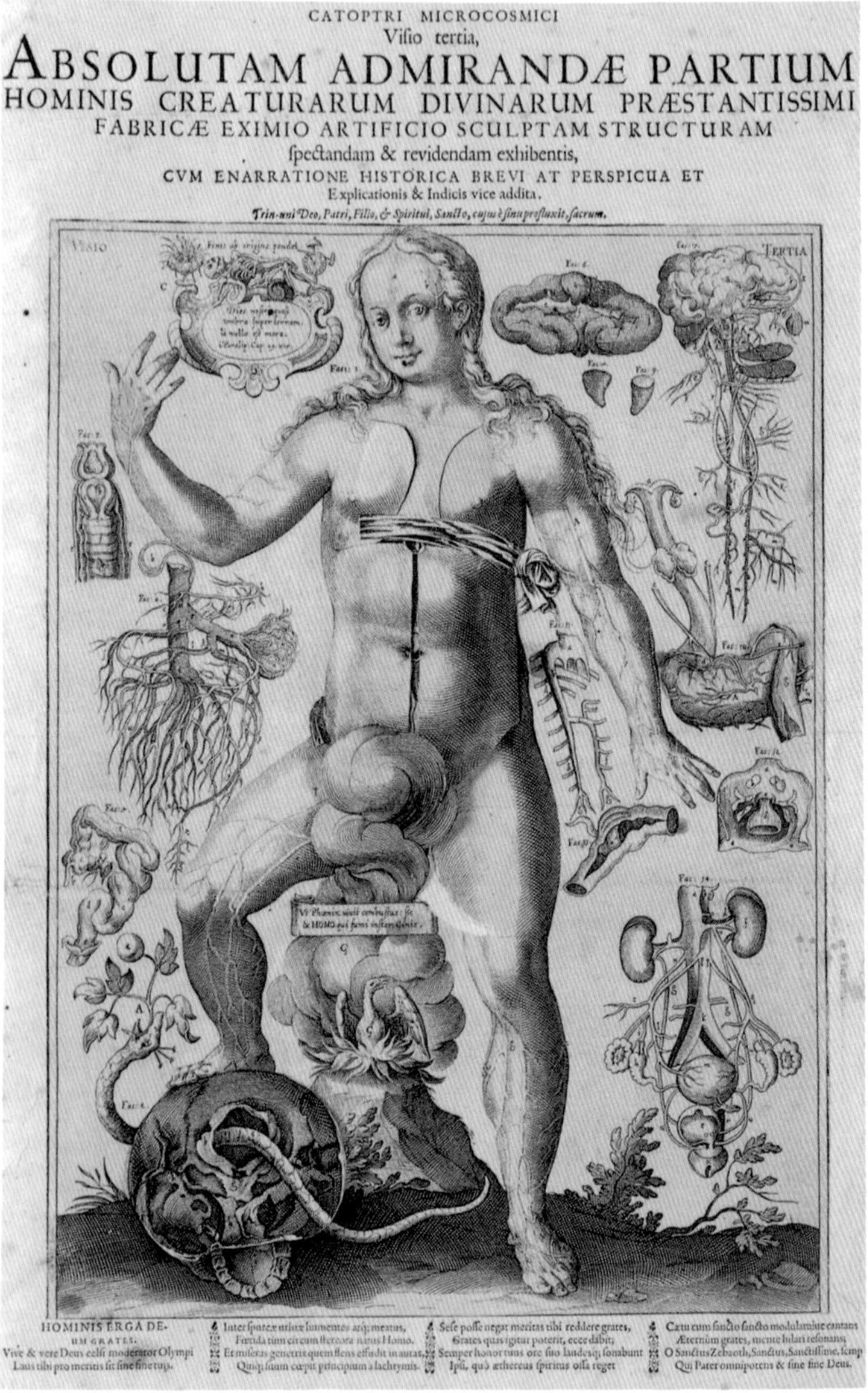
CATOPTRI MICROCOSMICI
Visio tertia,
ABSOLUTAM ADMIRANDÆ PARTIUM
HOMINIS CREATURARUM DIVINARUM PRÆSTANTISSIMI
FABRICÆ EXIMIO ARTIFICIO SCULPTAM STRUCTURAM
spectandam & revidendam exhibentis,
CVM ENARRATIONE HISTORICA BREVI AT PERSPICUA ET
Explicationis & Indicis vice addita.
Trin-uni Deo, Patri, Filio, & Spiritui, Sancto, cujus è sinu profluxit, sacrum.
VISIO
TERTIA
HOMINIS ERGA DE-
UM GRATES.
Vive & vere Deus celsi moderator Olympi
Laus tibi pro meritis sit sine fine tuis.
Inter spurcæ urinæ lumentes atq; meatus,
Fœtida tum circum stercora natus Homo.
Et miseras genetrix quem flens effudit in auras,
Quiq; suum cœpit principium à lachrymis.
Sese posse negat meritas tibi reddere grates,
Grates quas igitur poterit, ecce dabit;
Semper honor tuus ore suo laudesq; sonabunt
Ipsi, quò æthereus spiritus ossa reget
Cætu cum sancto sancto modulamine cantans
Æternùm grates, mente hilari resonans;
O Sanctus Zebaoth, Sanctus, Sanctissime, semp
Qui Pater omnipotens & sine fine Deus.

第三図

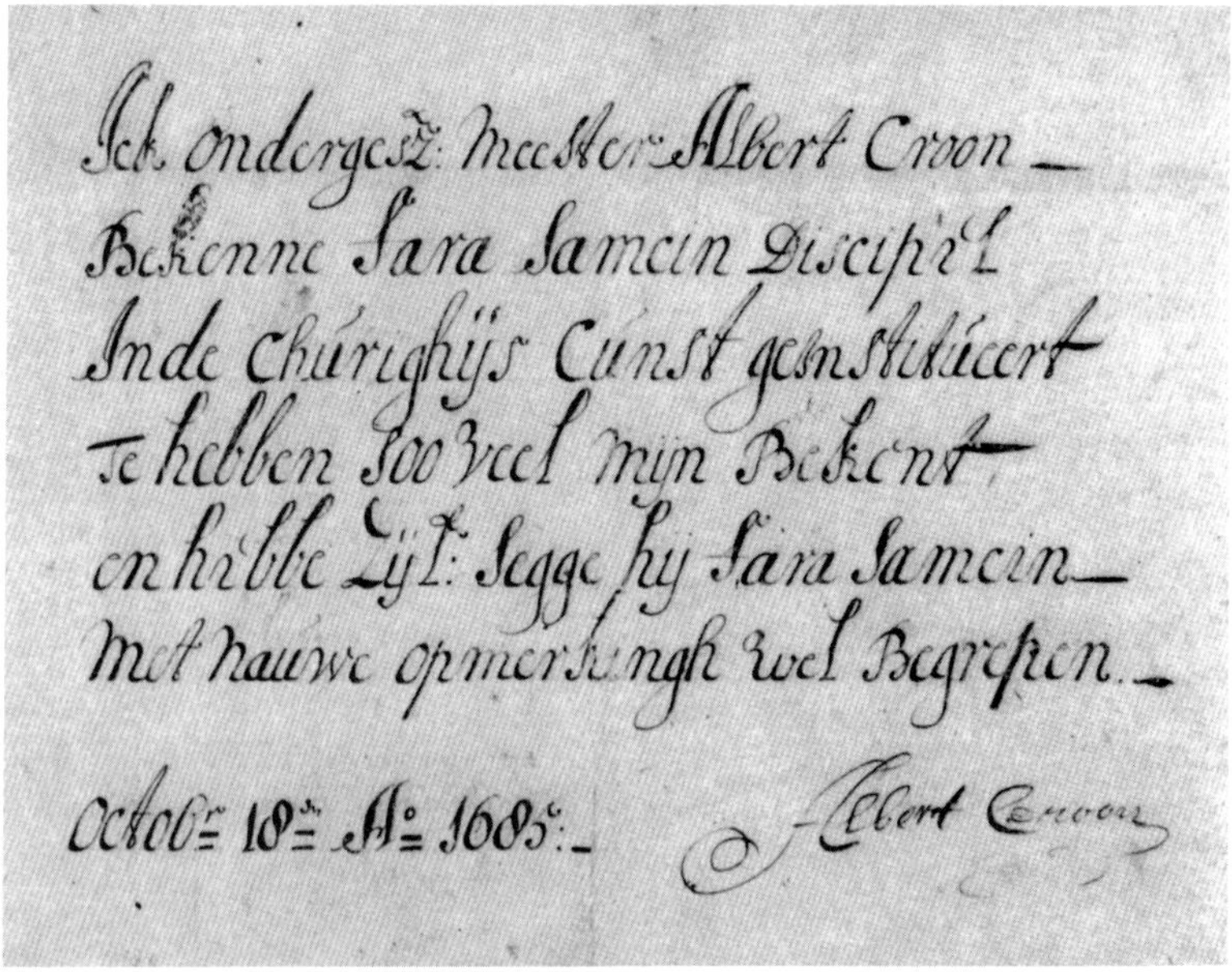

Ick ondergesz: Meester Albert Croon —
Bekenne Sara Samein Discipl:
Inde Chirurghijs Cunst geinstrueert
te hebben soo veel mijn Bekent
en hebbe zijl: segge hy Sara Samein —
Met nauwe opmerkingh wel Begrepen. —
Octob:r 18:n A:o 1685: — Albert Croon

アルバート・クローンが六代原三信に与えた免状（原文）

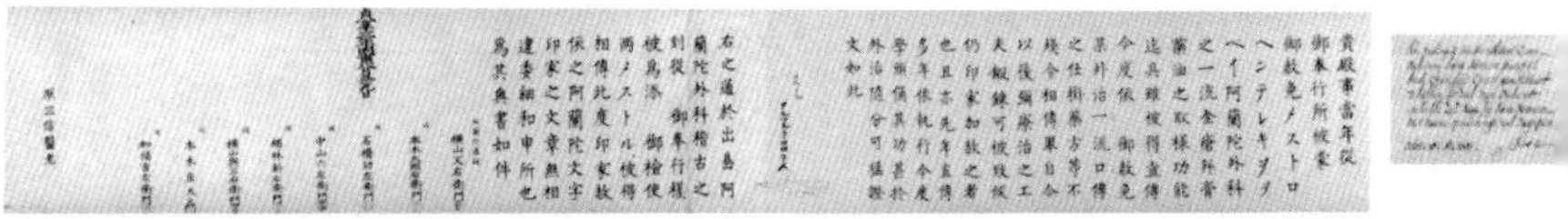

六代原三信が得た蘭方外科免状（翻訳、解説文）

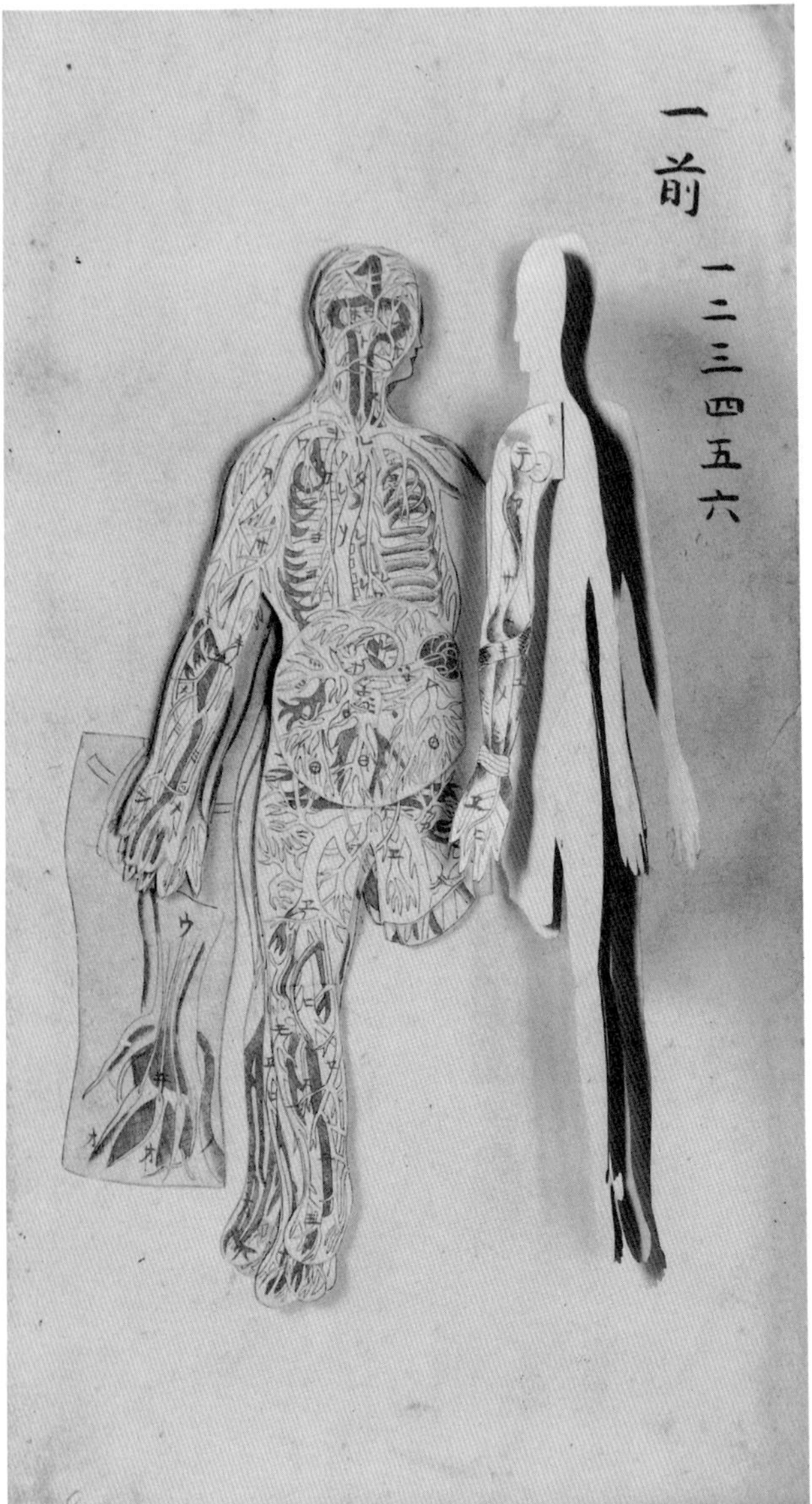

①半身（男）の人——筋ならびに骨格図（紙型をめくった様子）

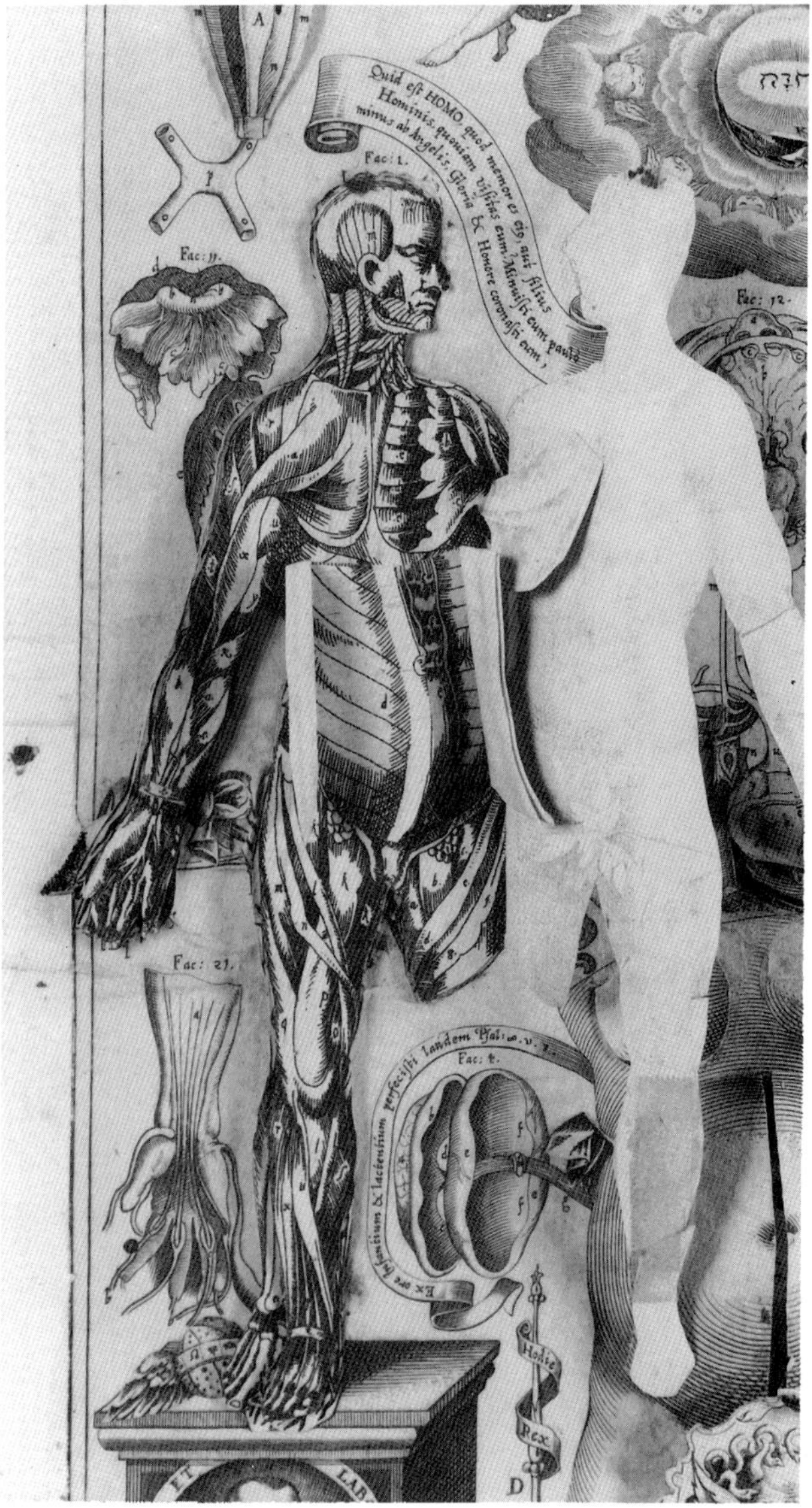
Quid est HOMO, quod memor es eius, aut filius
Hominis, quoniam visitas eum? Minuisti eum paulo
minus ab Angelis. Gloria & Honore coronasti eum,
Fac: 1.
Fac: 11.
Fac: 12.
Fac: 21.
Fac: 8.
Ex ore Infantium & lactentium perfecisti laudem Psal: 8. v. 3
Hodie
Rex.
D

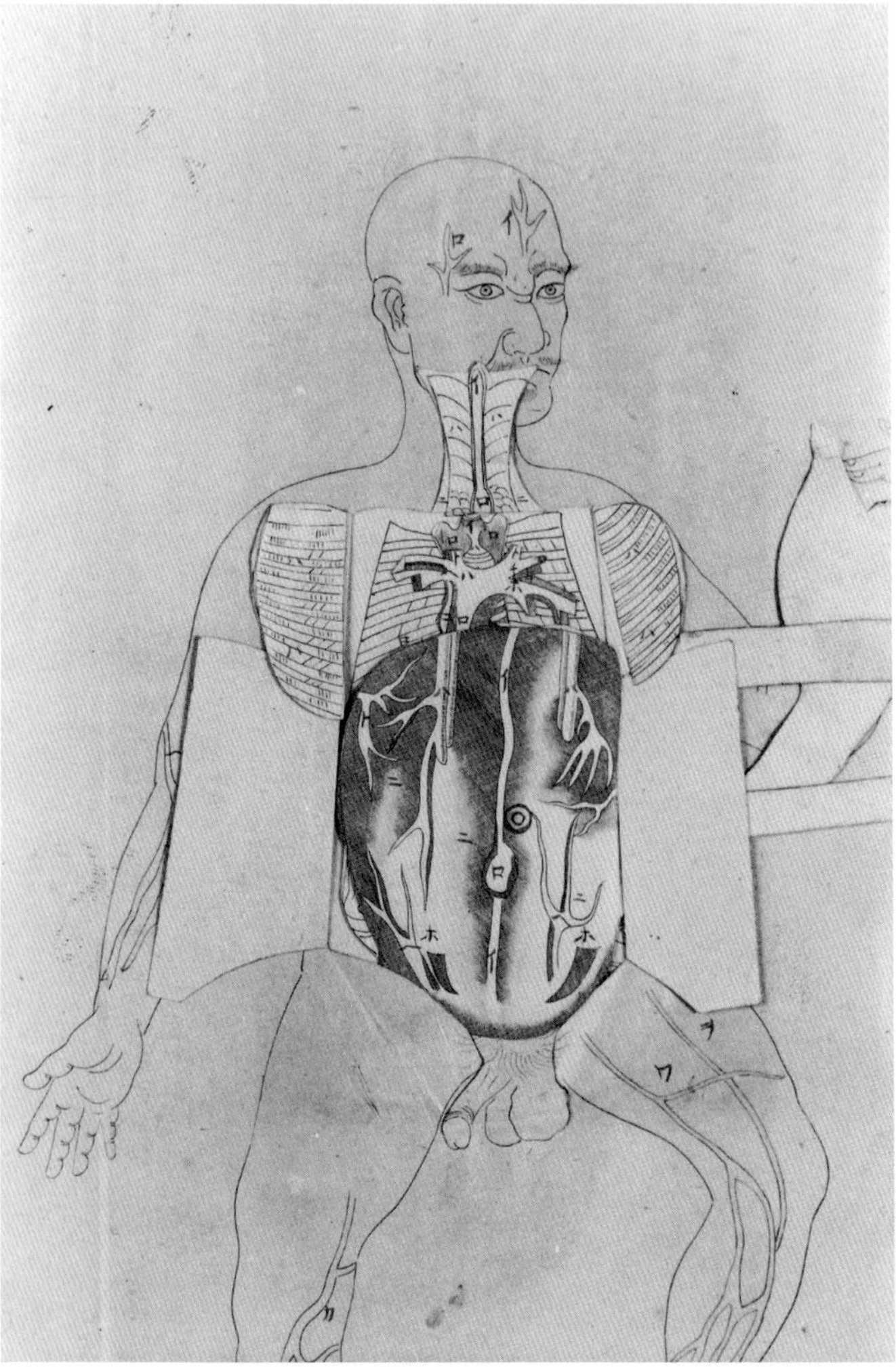

②男体の胸部ならびに腹部臓器・男性生殖器の解剖図（紙型を一段めくった様子）

spectandam & revidendam exhibentis,

CVM ENARRATIONE HISTORICA BREVI AT PERSPICUA ET

Explicationis & Indicis vice addita.

Trin-uni Deo, Patri, Filio, & Spiritui, Sancto, cujus è sinu profluxit, sacrum.

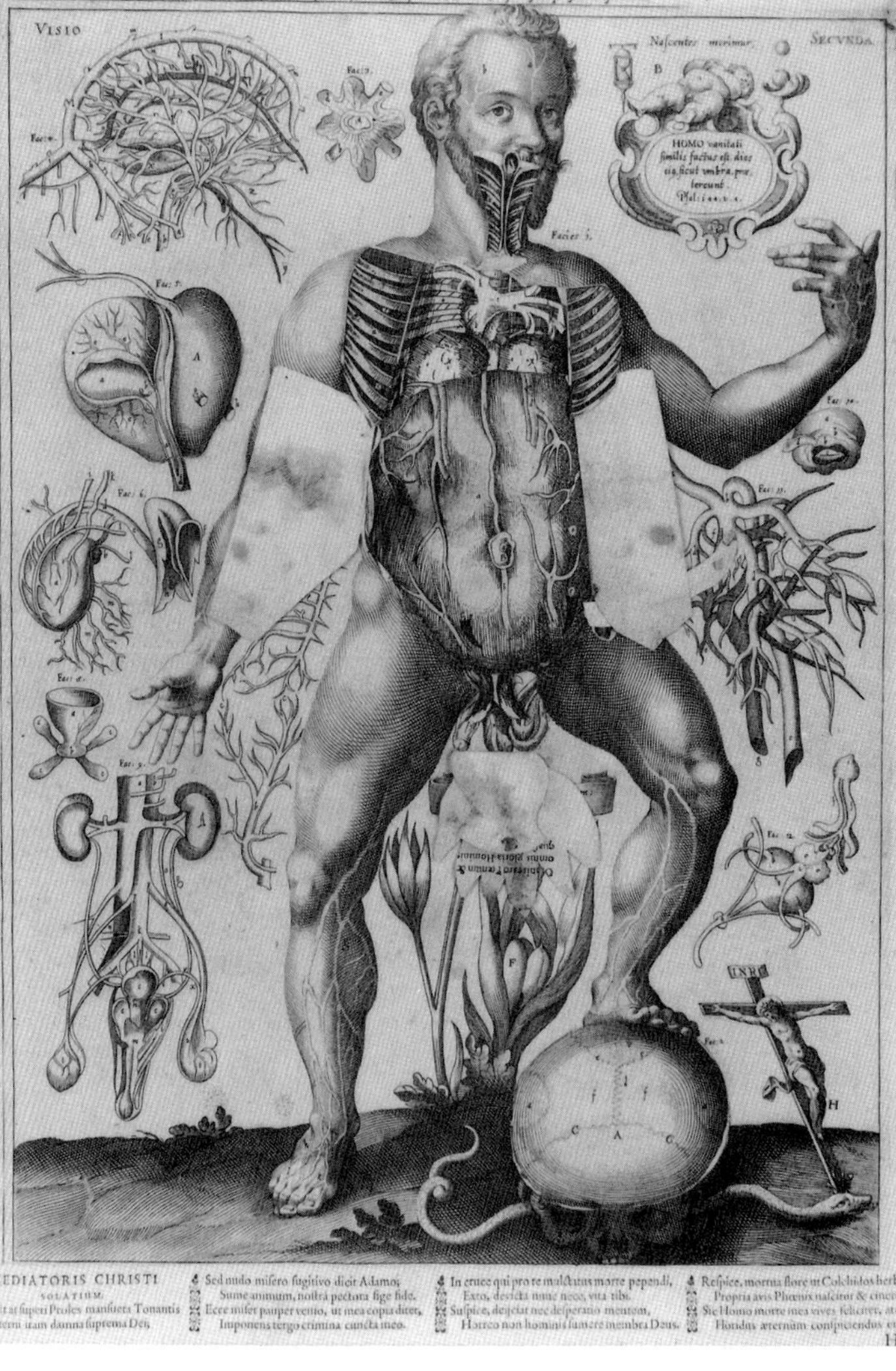

MEDIATORIS CHRISTI
SOLATIUM.
Non tulit at superi Proles mansueta Tonantis
Ah æterni iram damna suprema Dei,

Sed nudo misero fugitivo dicit Adamo;
Sume animum, nostrâ pectora fige fide.
Ecce miser pauper venio, ut mea copia ditet,
Imponens tergo crimina cuncta meo.

In cruce qui pro te mulctatus morte pependi,
Exto, devicta nunc neco, vita tibi.
Suspice, dejiciat nec desperatio mentem,
Horreo non hominis sumere membra Deus.

Respice, mortua flore ut Colchidos herba vire-
Propria avis Phœnix nascitur & cinere, (scit,
Sic Homo morte mea vives feliciter, atque
Floridus æternùm conspiciendus eris.

HO-

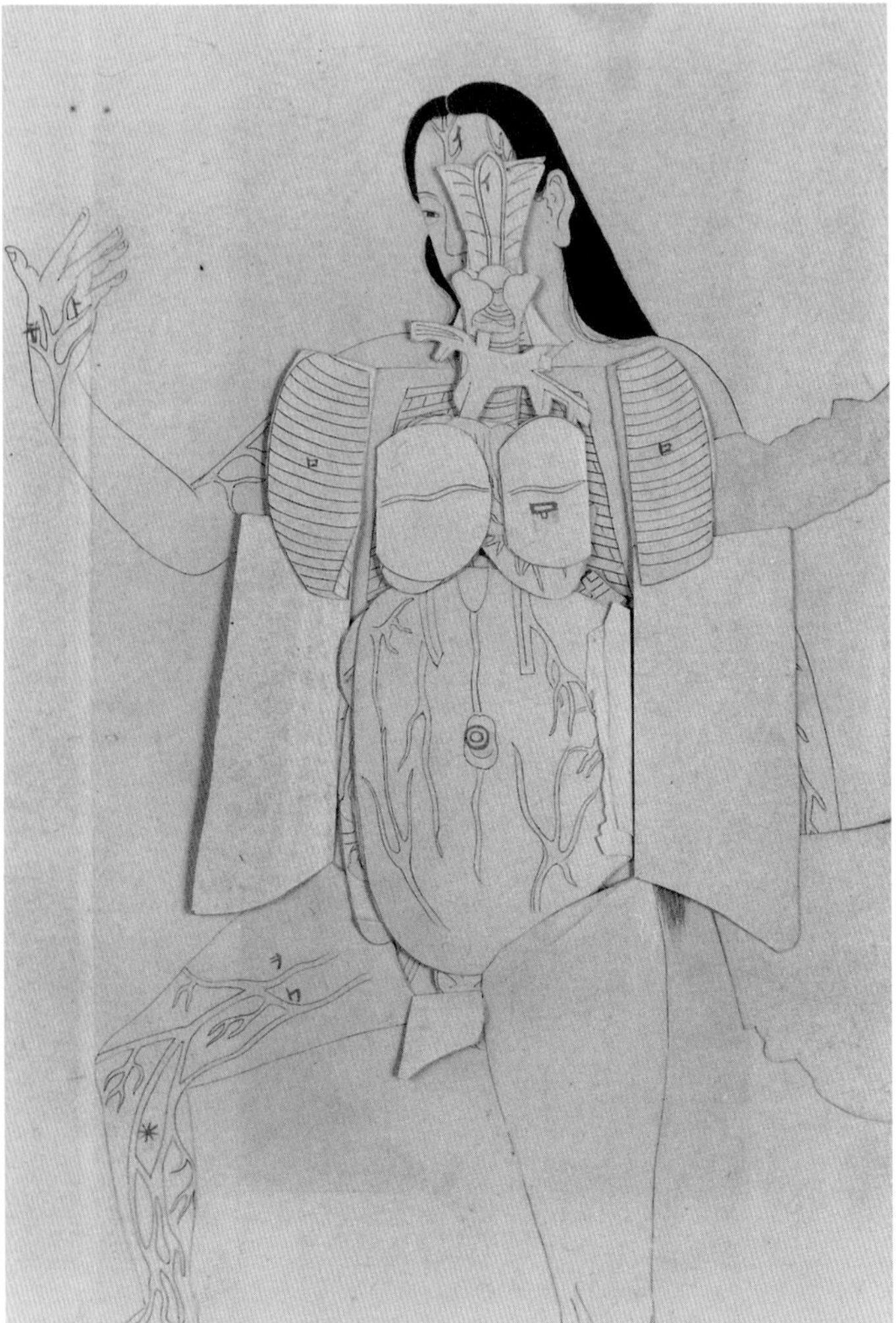

③女体の胸部ならびに腹部臓器・女性生殖器の解剖図（紙型を一段めくった様子）

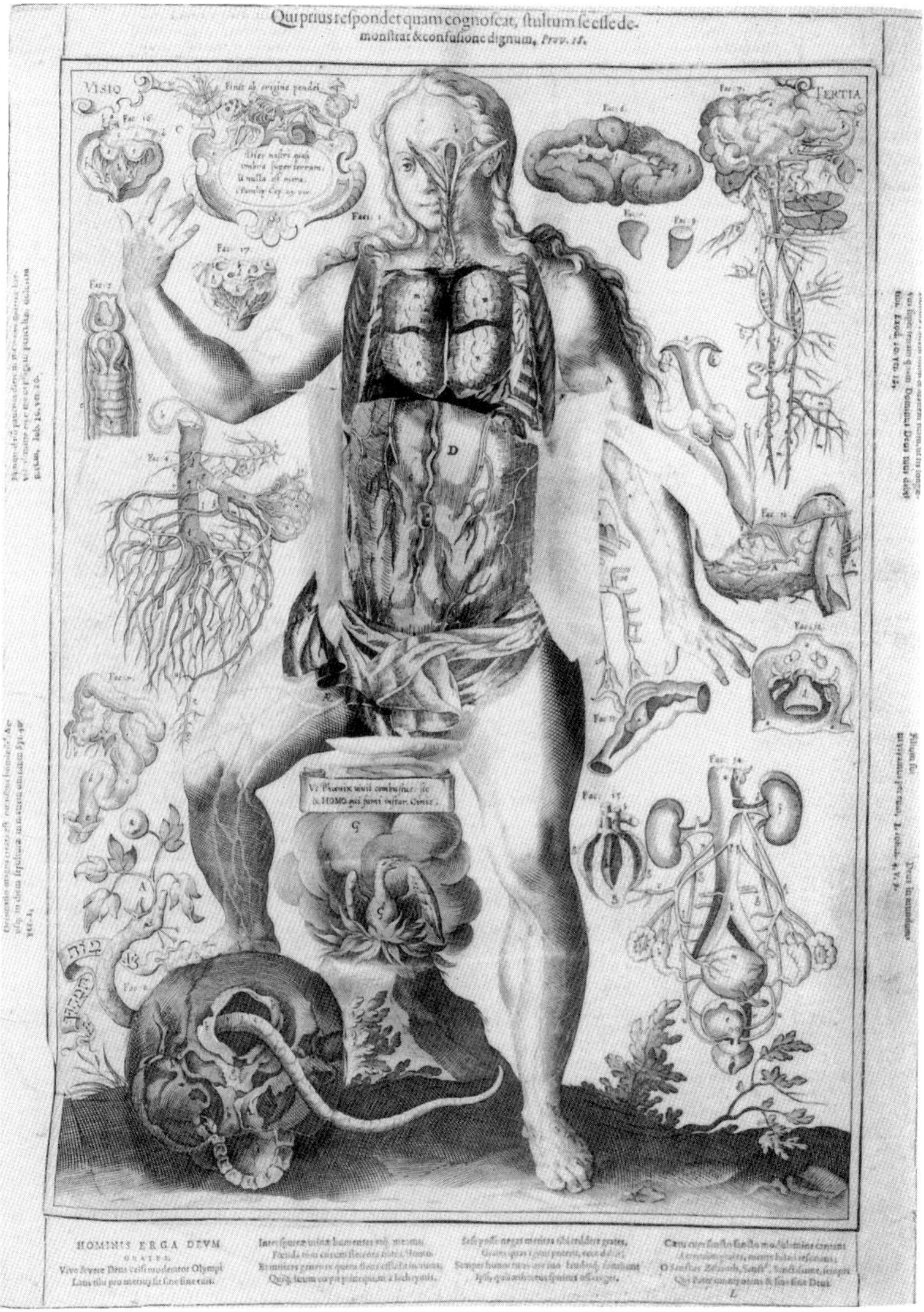
Qui prius respondet quam cognoscat, stultum se esse demonstrat & confusione dignum, Prov. 18.
Finis ab origine pendet
HOMINIS ERGA DEVM

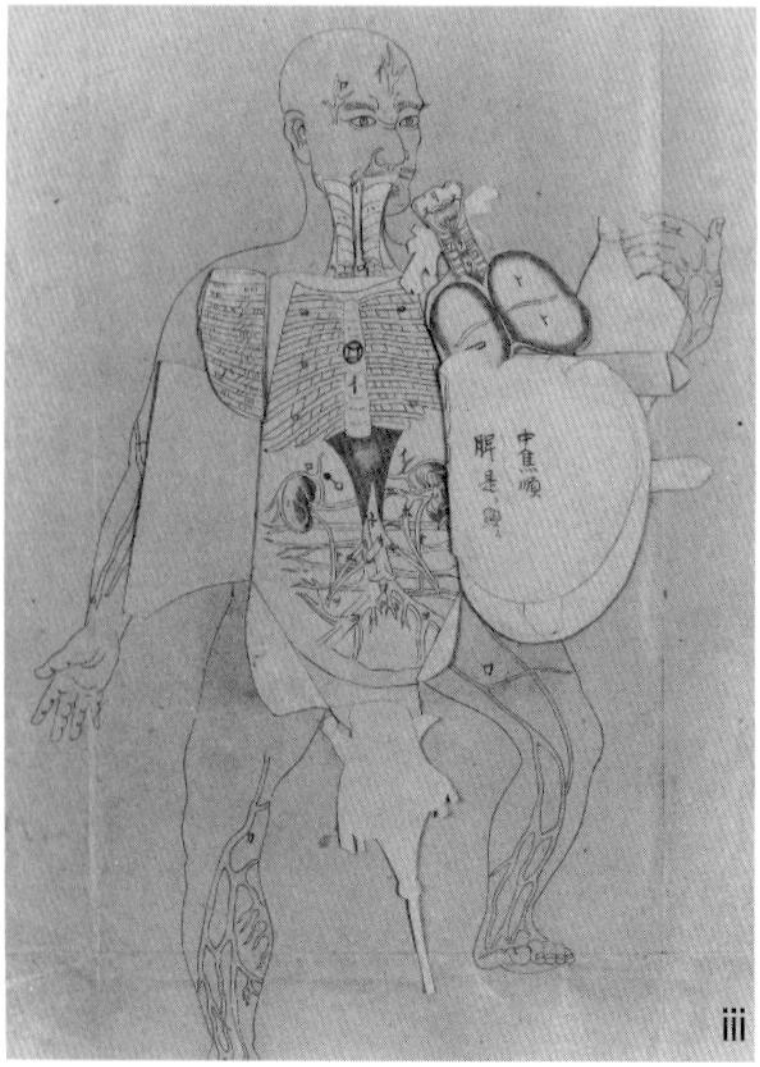

iii

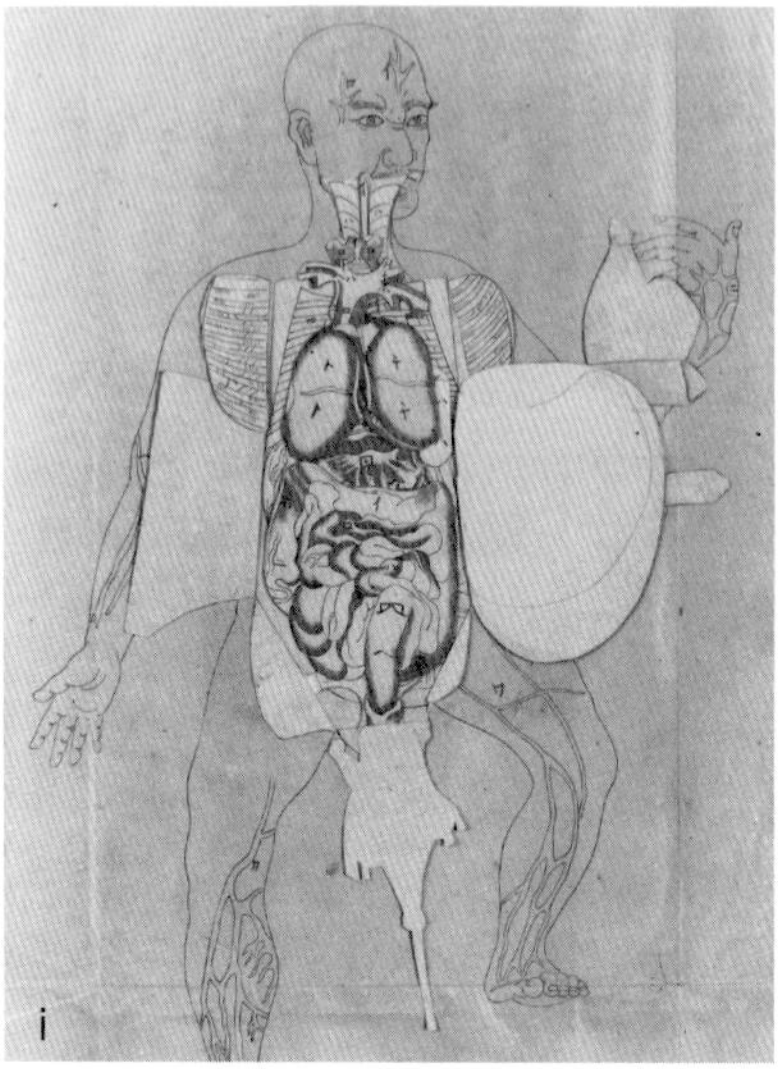

i

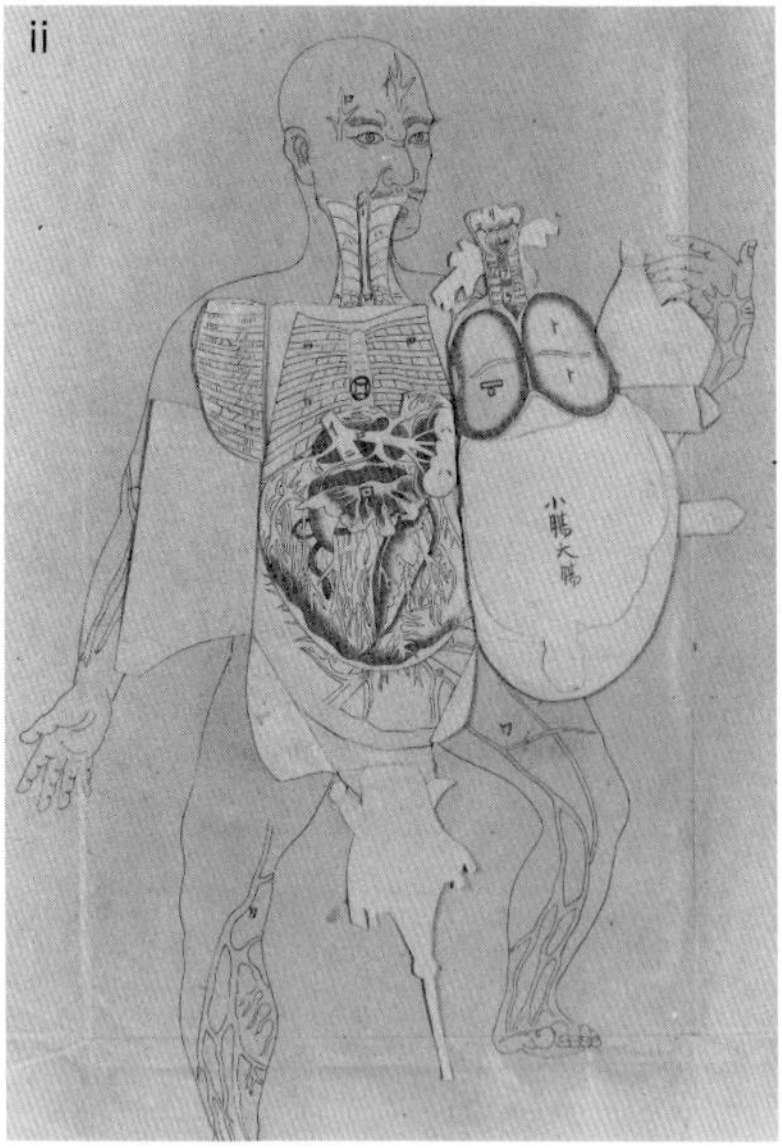

ii

写真のように写本は、レメリン解剖図と同様、臓器の紙型を人形の身体に組み込み、紙型をめくるにつれて身体の深部に到達する作りになっている。iが二段目、iiが三段目、iiiが最終段となっている（一段目は前々頁参照）。

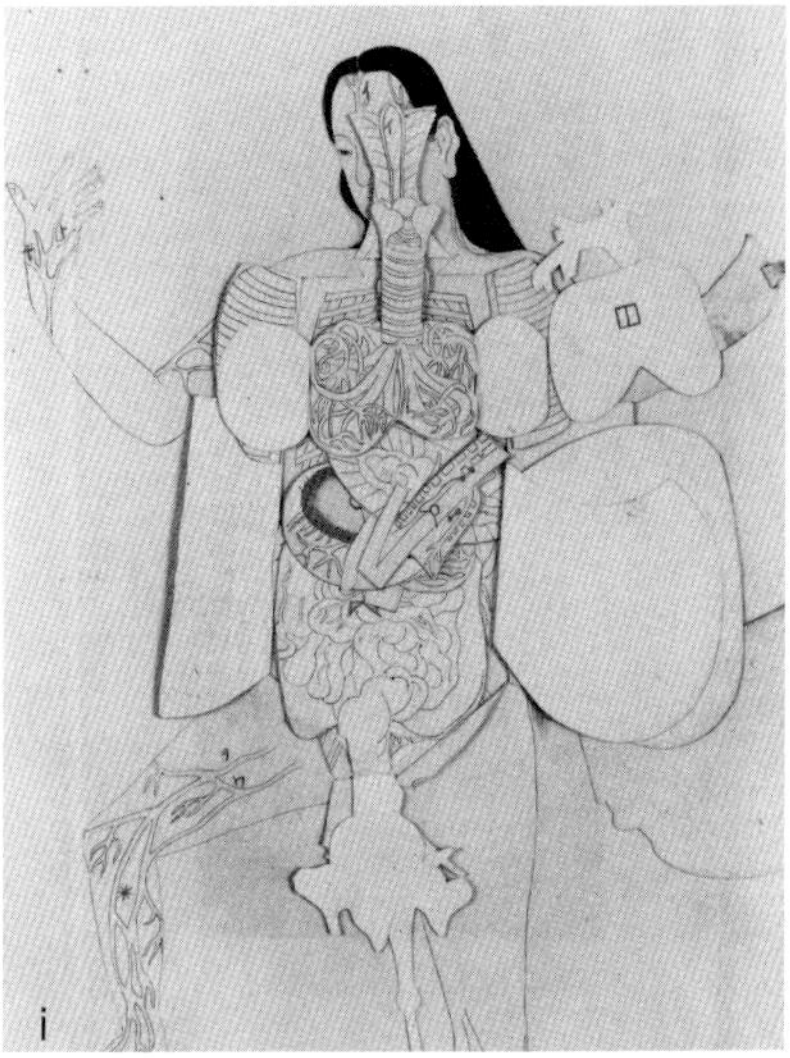

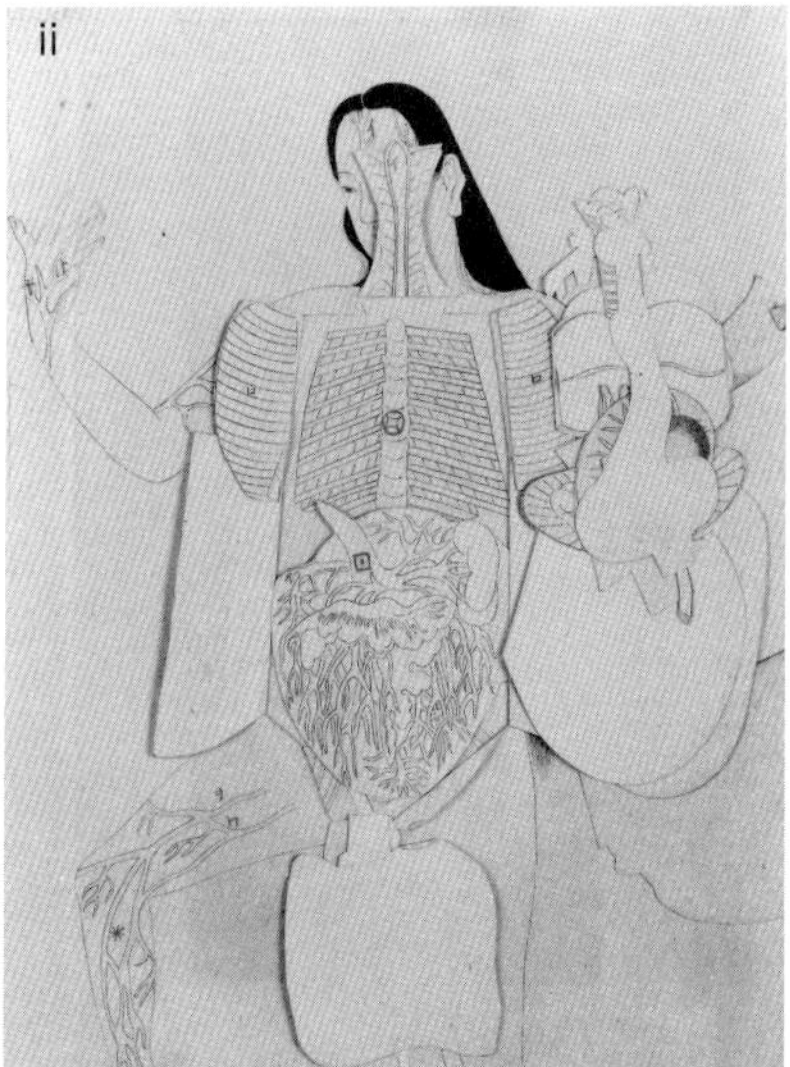

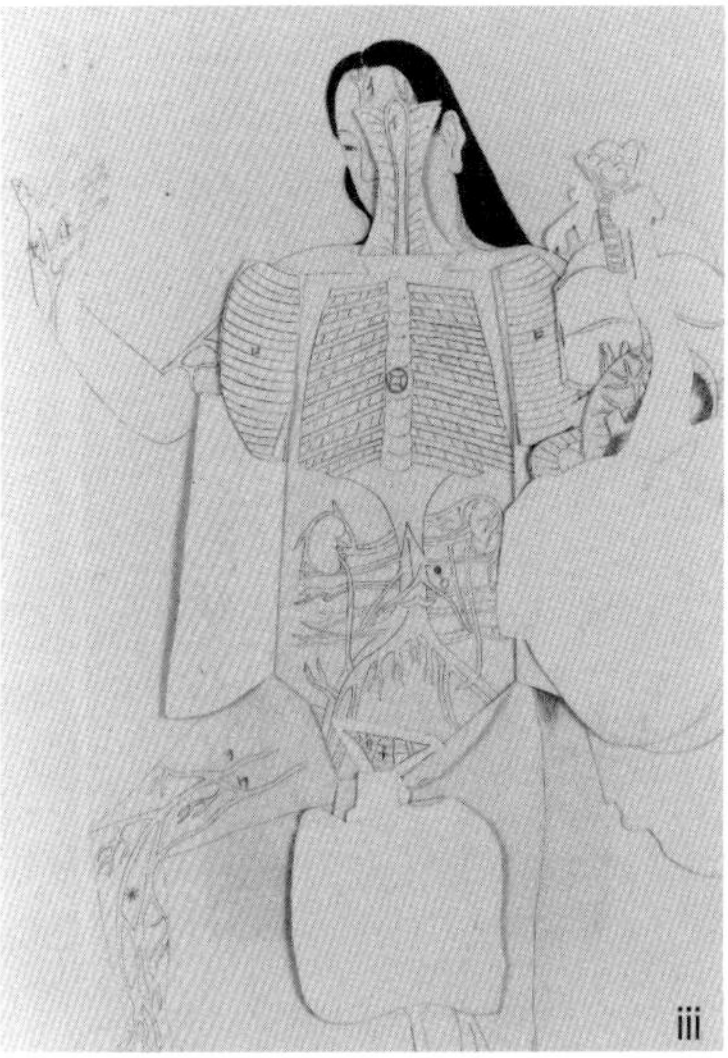

男体同様、iが二段目、iiが三段目、iiiが最終段。

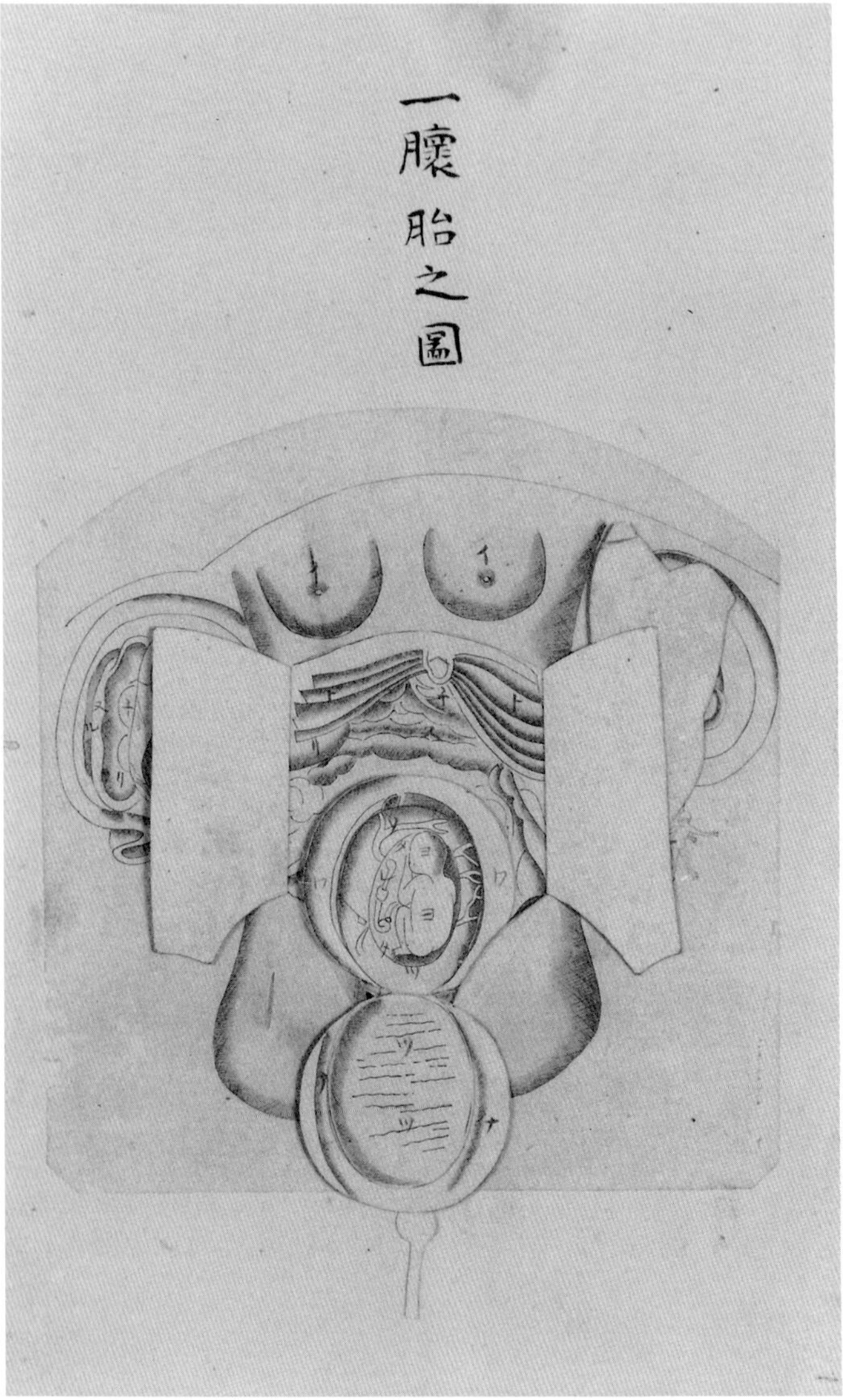

④懐胎の図。めくり進むと、へその緒で繫がった胎児の姿が描かれている

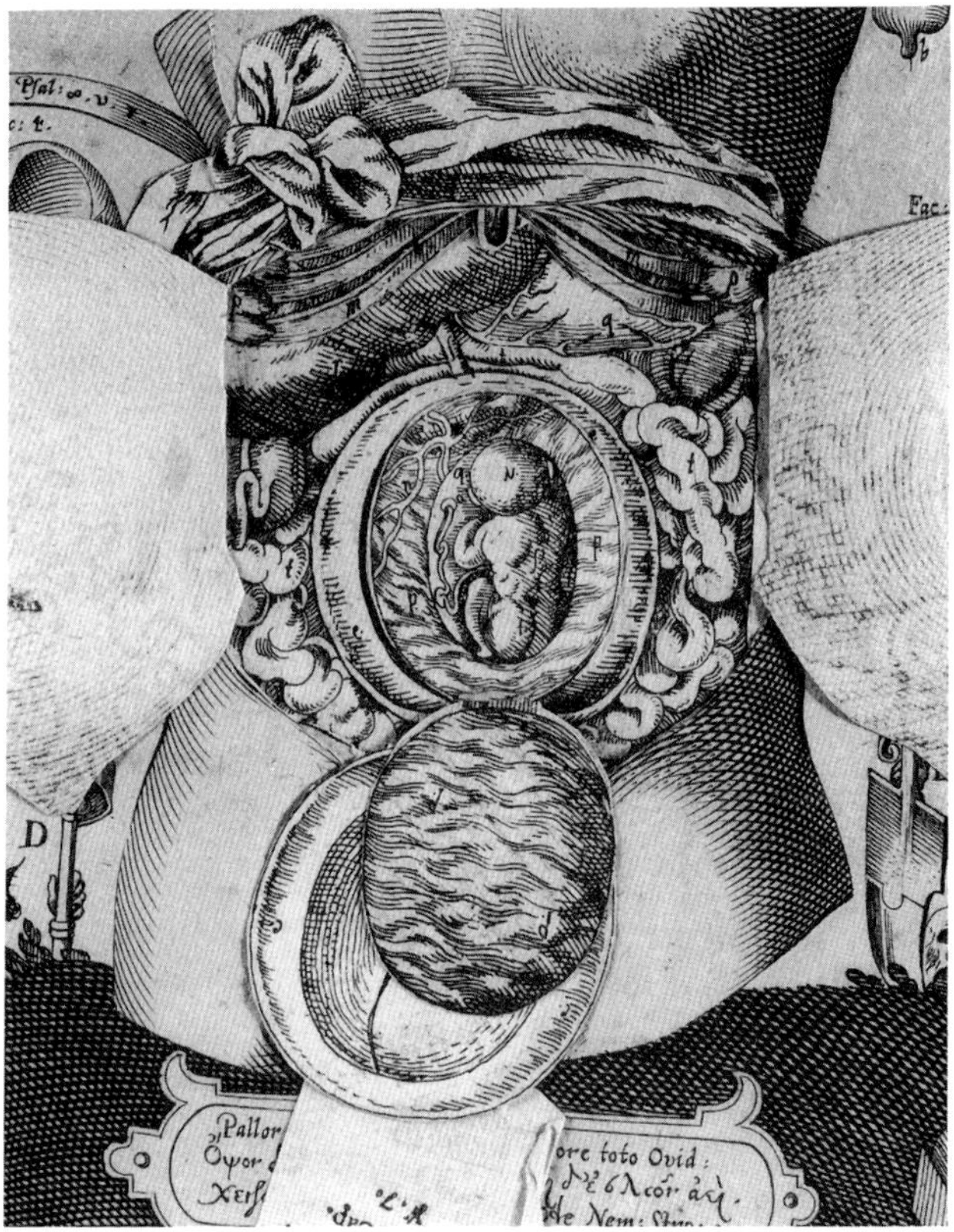
D
Pallor
ore toto Ovid:

⑤臓器部分図
頭蓋骨および脳

レメリン解剖書　　原三信写本

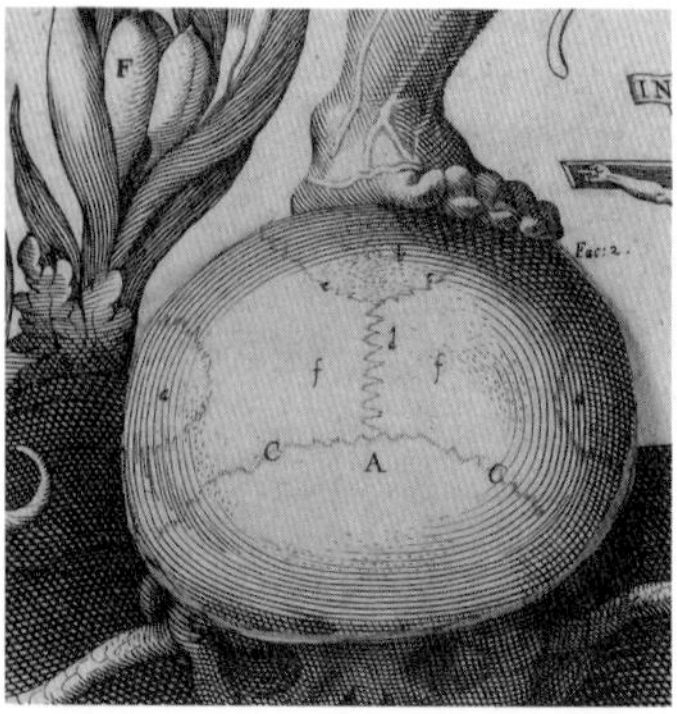

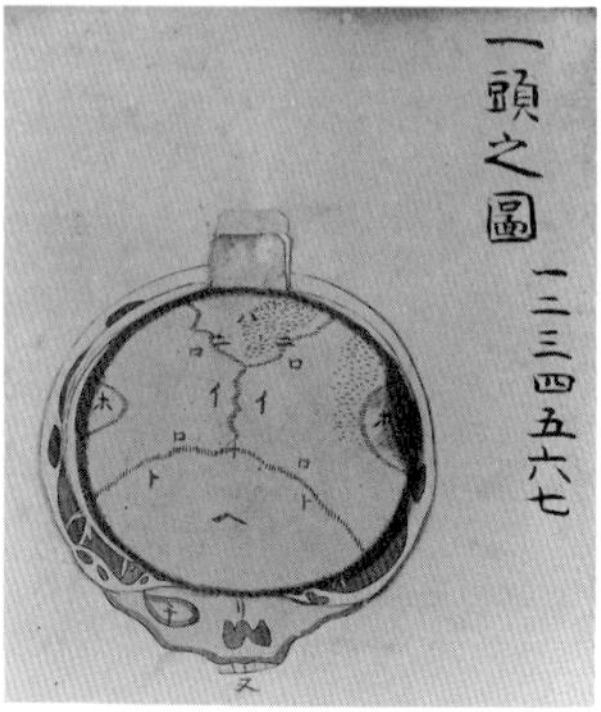

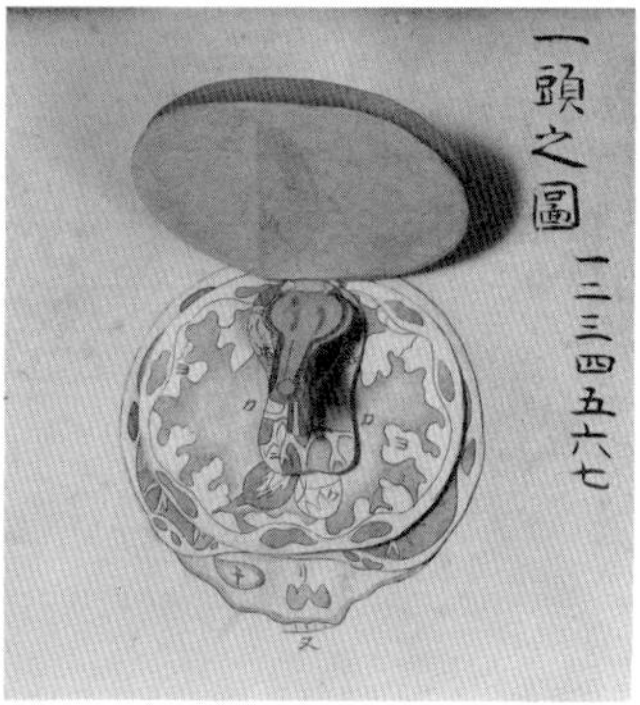

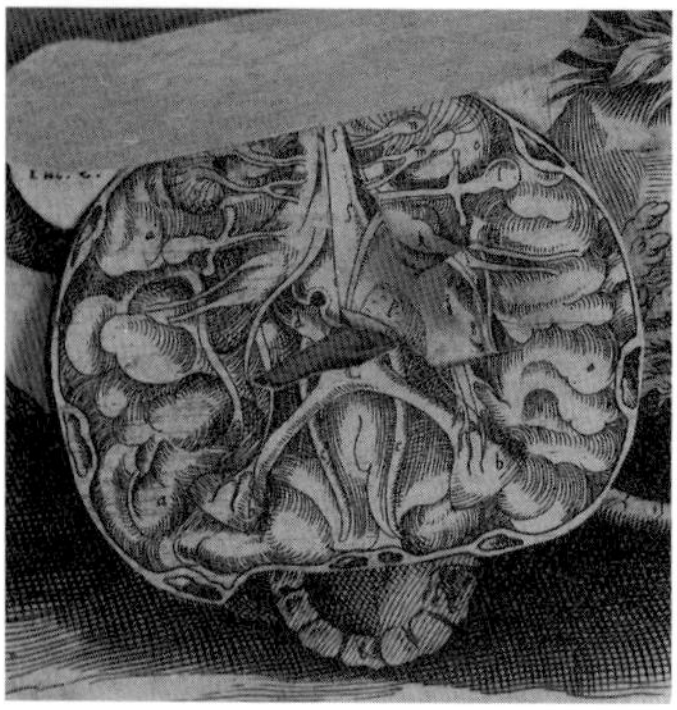

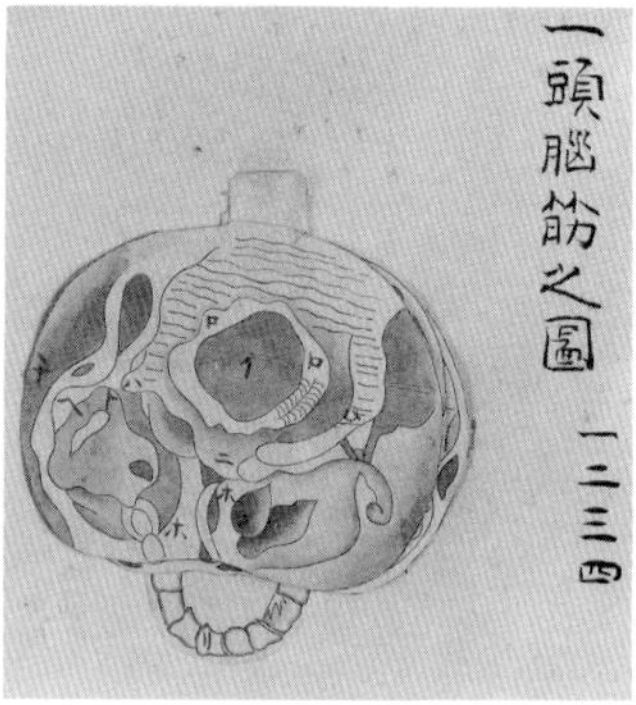

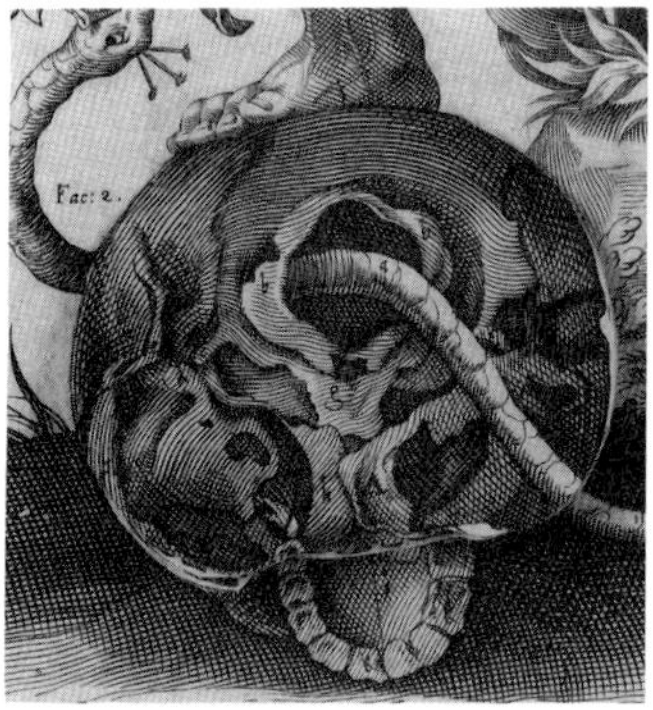

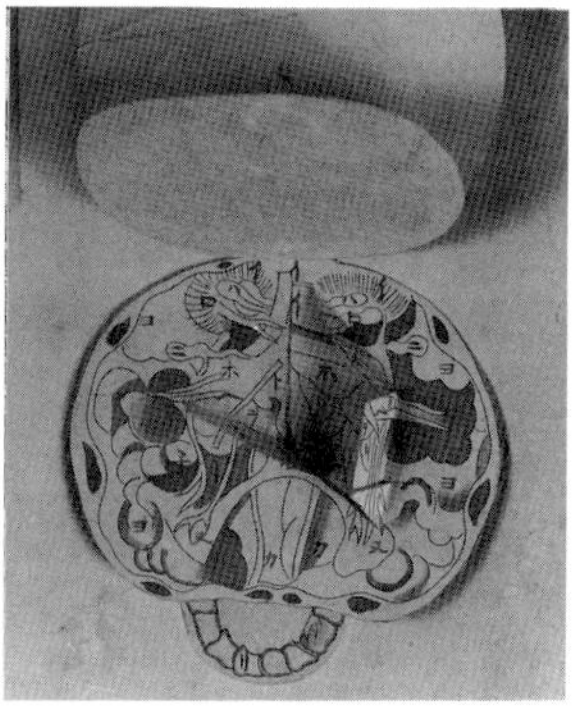
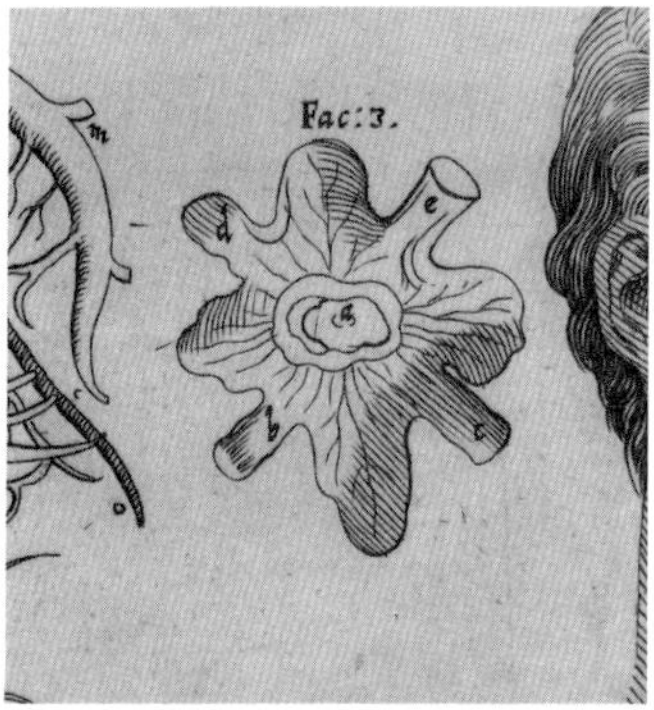

怪網（人体に存在しないが、ガレノスの記述と一致させるために描かれたもの）

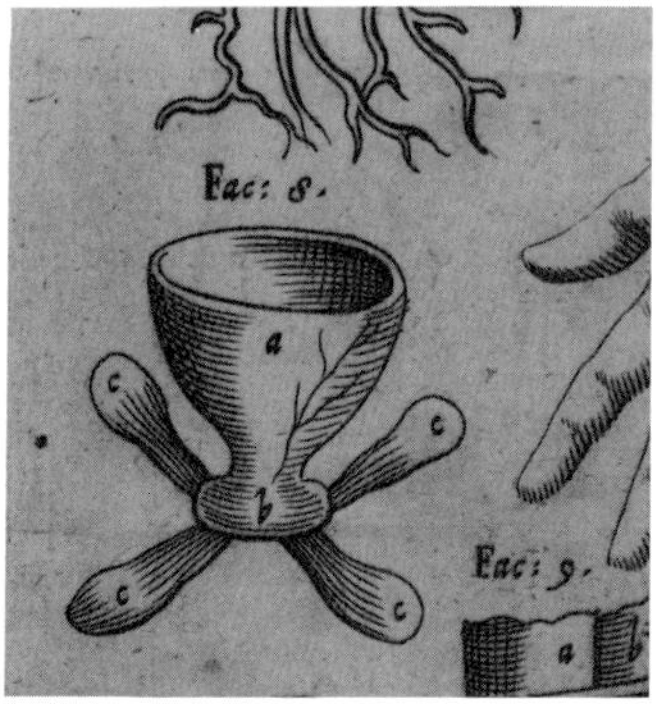

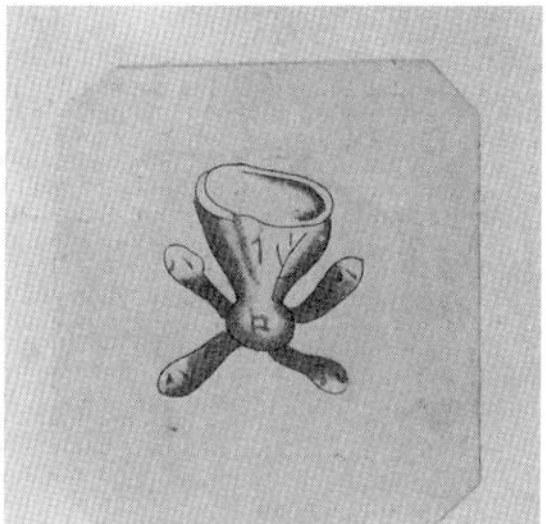

脳下垂体（粘液＝鼻汁を作ると信じられていた）

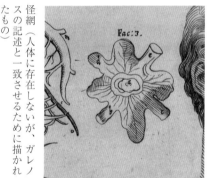

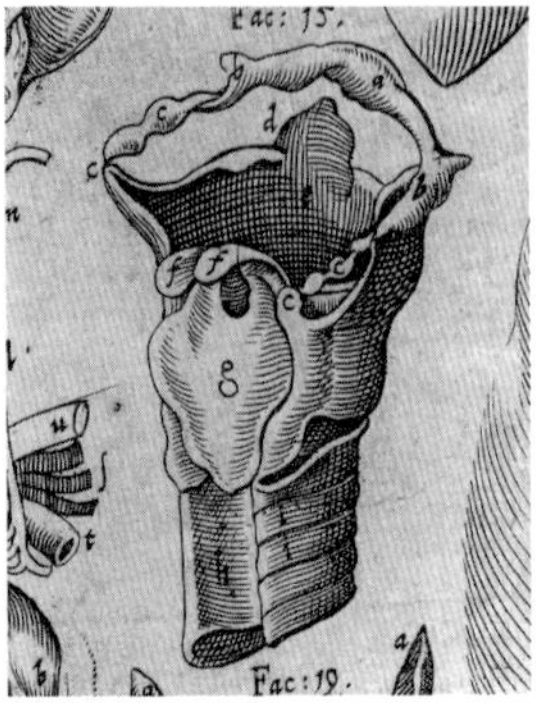

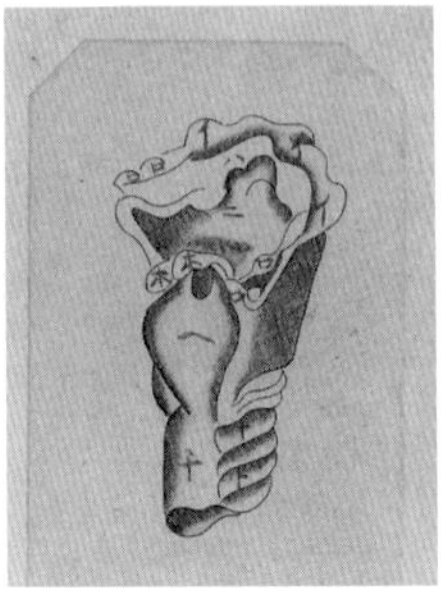

咽頭

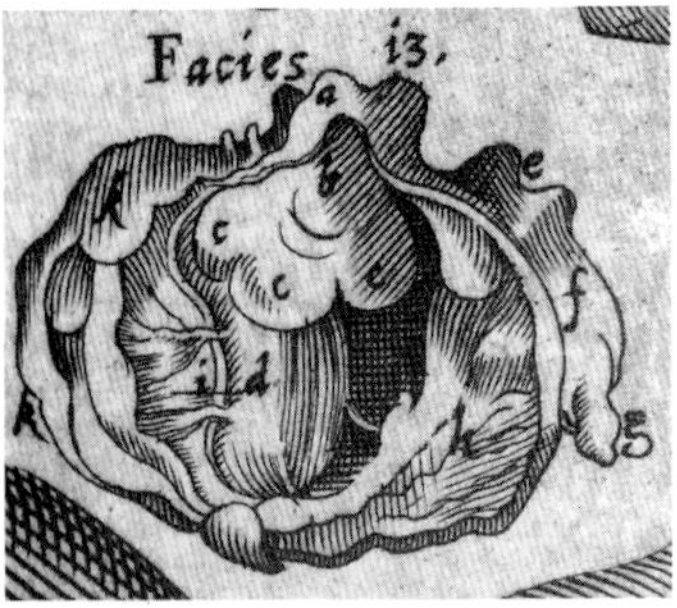

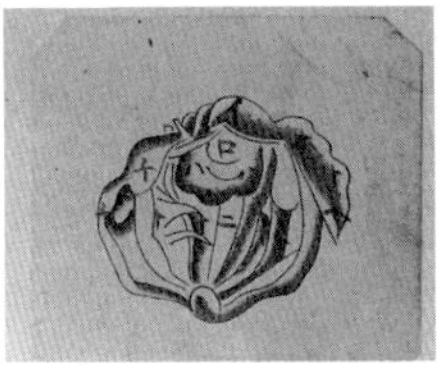

心臓

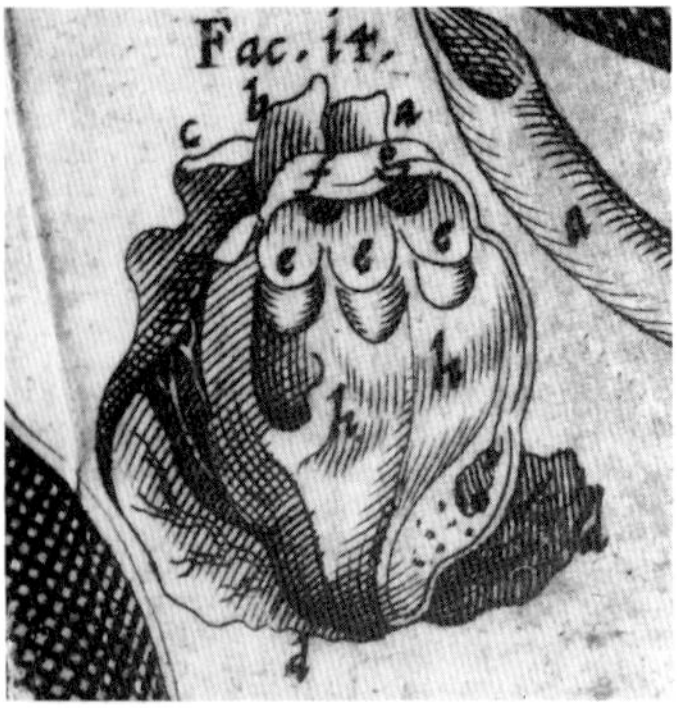

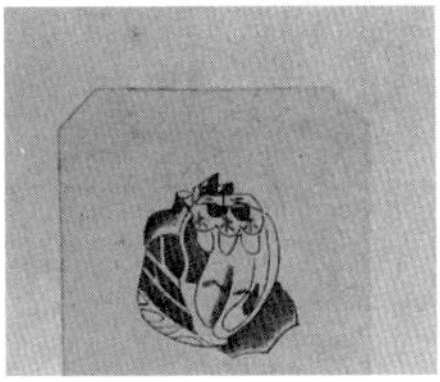

心臓

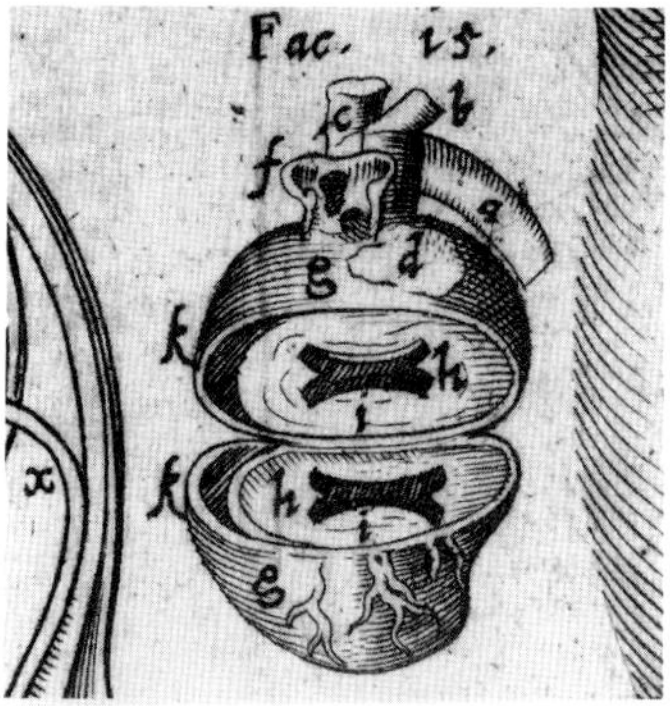

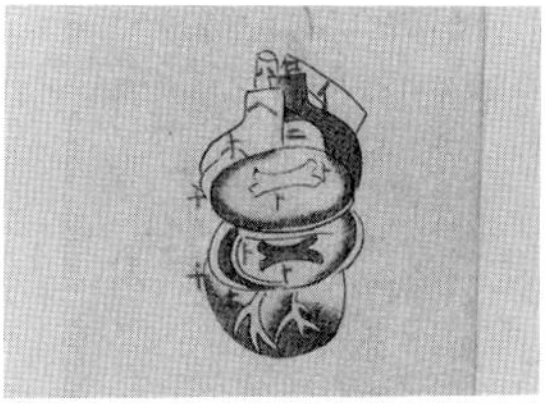

心臓

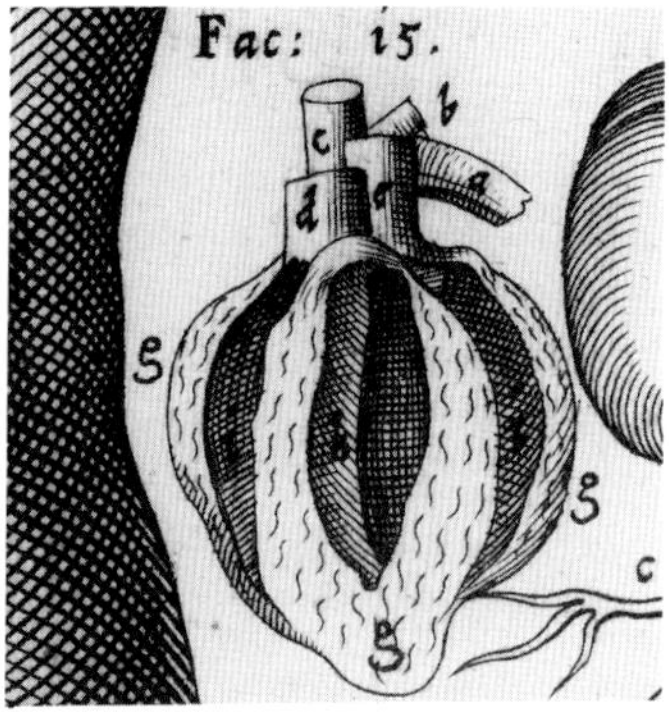

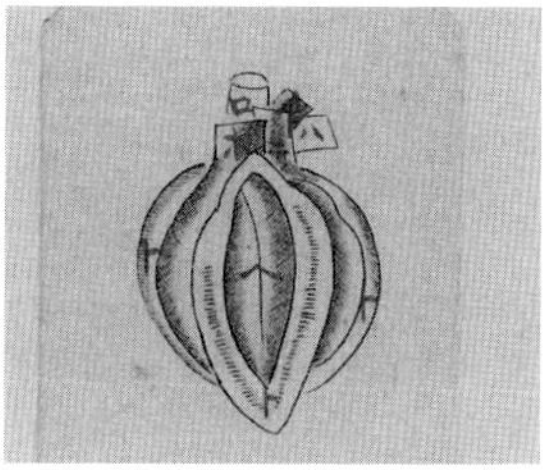

心臓

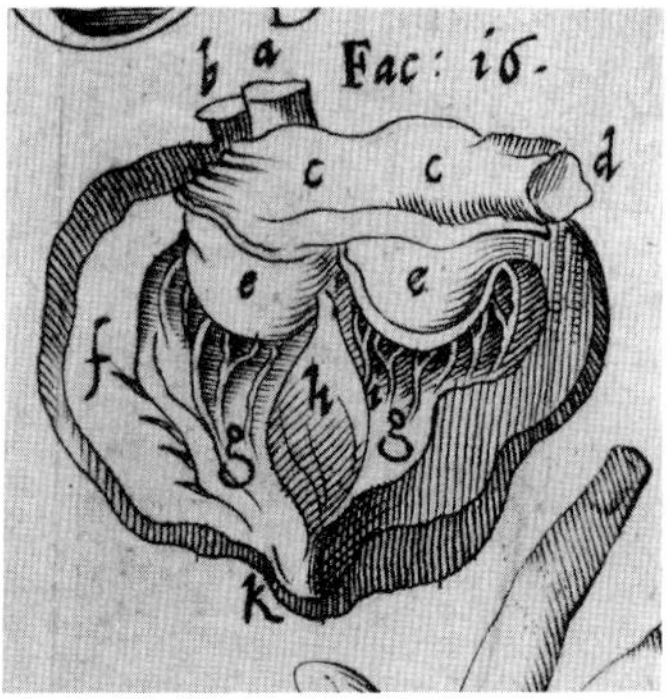

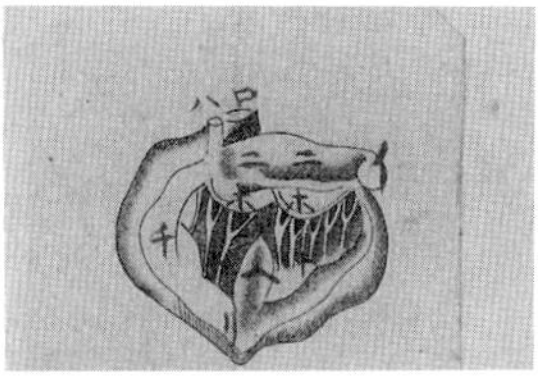

心臓

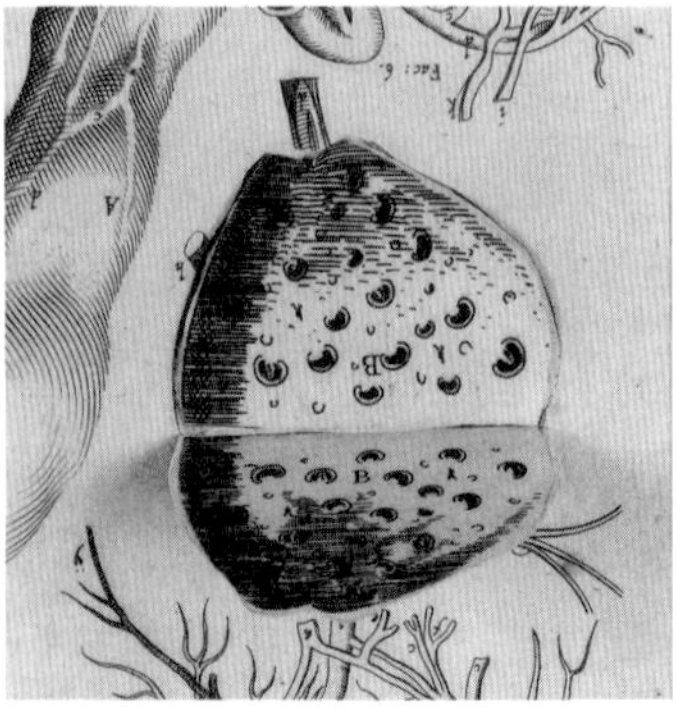

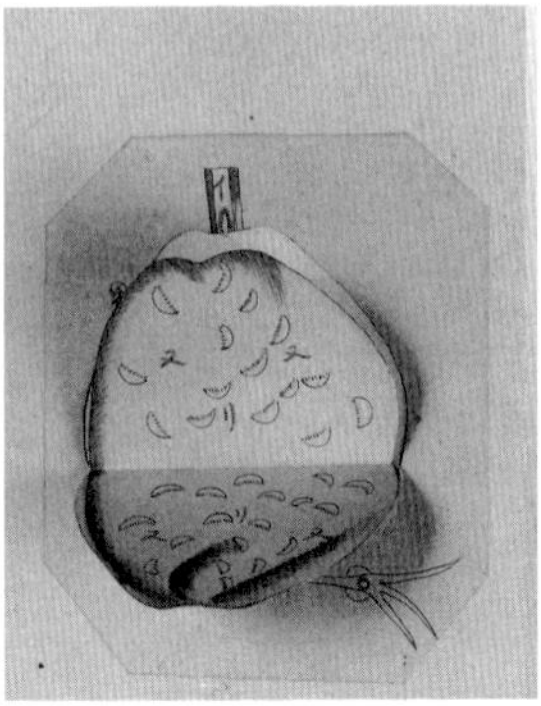

肝臓

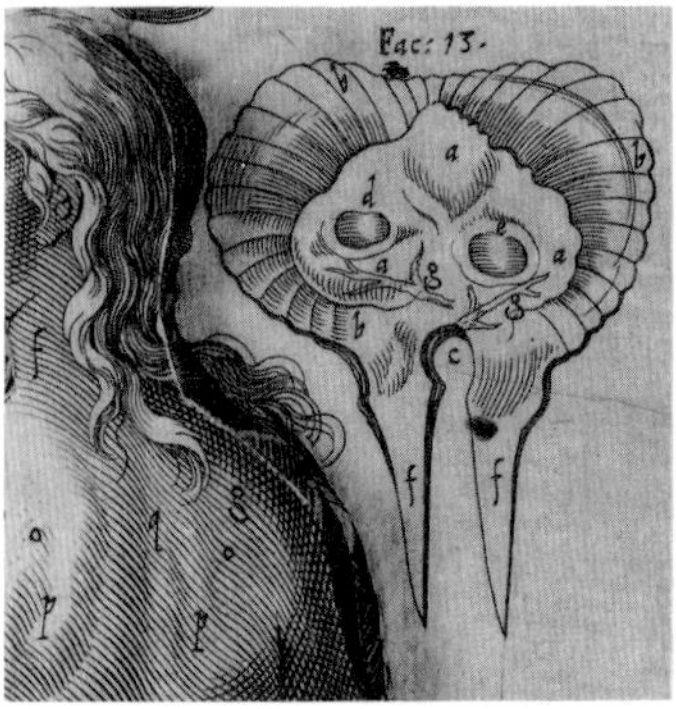

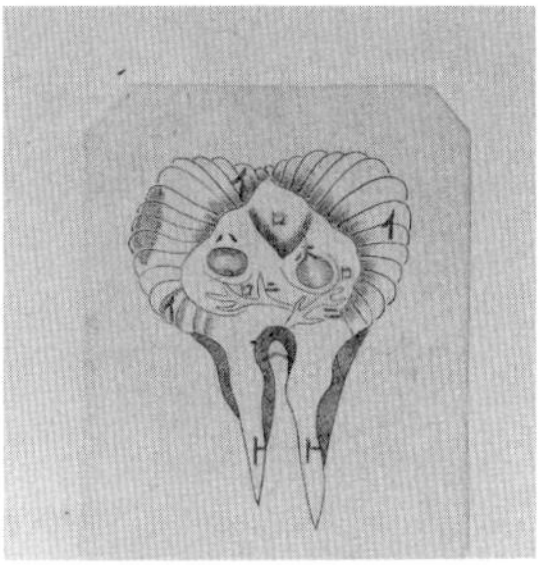

横隔膜

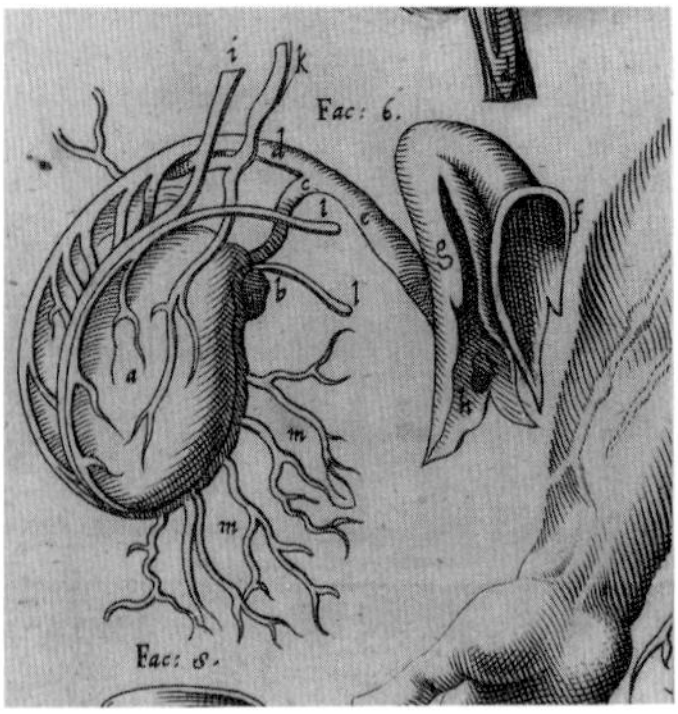

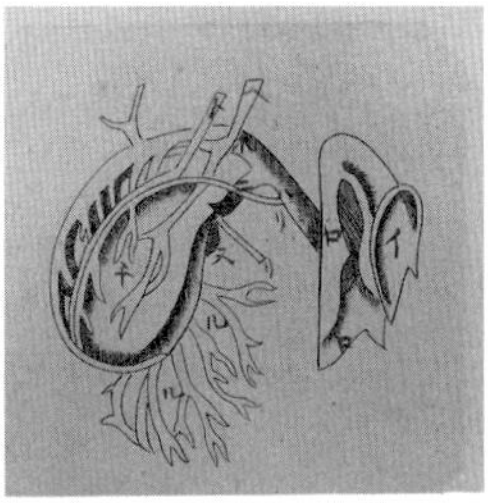

胆嚢および胆管ならびに開口部

大灯籠絵「後藤又兵衛」

はじめに

博多の夏をしめくくる「大浜《おおはま》流《ながれ》灌頂《かんじょう》」は、毎年八月二十四日から二十六日までの三日間にわたって催されます。親子連れでにぎわう博多区大博町の路地には、地元のお店が軒先に出した露店や歩行者天国になった道路いっぱいに夜店が出ています。なかでも目を引くのは、たかだかと掲げられた武者絵の大灯籠で、合戦の勇ましい様子や妖怪《ようかい》退治の鬼気迫る場面が描かれています。

絵は、明治時代に活躍した絵師、海老崎雪渓（一八七六～一

大灯籠絵「岩見重太郎」

九四二）の作品で、福岡県民俗有形文化財に指定された貴重なものです。

この祭りの由来は、江戸時代の宝暦五（一七五五）年、暴風雨のため博多湾で船が遭難したときの犠牲者や家屋倒壊による死者と、翌六年に流行した疫病で亡くなった人々の霊を施餓鬼《せがき》供養したのが始まりです。この時の暴風雨の被害については、「黒田新続家譜」に、次のように記されています。

「宝暦五年　八月二四日　大風により上座・下座・夜須・御笠・嘉麻・穂波・遠賀・鞍手・宗像の各郡被害甚大。潰家二八三〇軒、死者四三人、斃牛馬一九匹、倒木一万五〇〇〇本」

施餓鬼供養については、東長寺を隠居した僧が竪町浜（現福岡市博多区大博町）に「知足庵」という住まいをもうけていましたが、ここで旧暦の七月二十四日から三日間、読経をしたのがきっかけで、だんだんと盛んになりました。現在では、大浜の施餓鬼堂で、東長寺の僧侶による供養が行われますが、一般のお参りもできるようになっています。

私の母ヒデは、明治三十五（一九〇二）年生まれですが、小学三年生のとき、開校間もない大浜小学校に奈良屋小学校から転校したと聞いています。父親の十三代原三信や家族と大浜流灌頂のにぎわいの中を歩いたこともあっただろうと思います。今の原三信病院は、祭りでにぎわう歩行者天国の道路に面しています。

私も久しぶりに「大浜流灌頂」に出かけてみました。金魚すくいや焼き鳥など、地元総出の露店が出て、子ども連れで大変なにぎわいです。軒先には「今月今夜」と書いた花灯籠が飾られ、夕暮れ時の路地に華やいだ雰囲気も醸し出しています。かつては、山笠や放生会とおなじように賑わったとも言われますが、意外なことに福岡に住む人びとにもあまり知られていないのは残念です。

このお祭りを印象づけるのは、僧侶による供養もそうですが、路地にたかだかと設置された海老崎雪渓の錦絵です。血なまぐさい合戦の絵や妖怪変化を描いたもので、豪傑岩見重太郎が、妖怪を打ち取り姫様を助け出す錦絵などは、凄惨でいくらかエロティックでさえあります。

別の絵には、切り落とされた首や輪切りにされた人体が生々しく描かれています。暗がりに浮かび上がる大灯籠の絵をこわごわと見上げる子どもたちも、その手をひく大人たちも、きっとこの情景を目の裏にやきつけることでしょう。路地一杯の大きな錦絵は三額掲げられていますが、残りの絵は旧大浜公民館で会期中に公開されています。

ところで、私の兄弟は三人とも医者になりました。父の實が医者だったのでその影響が大きかったといえます。母ヒデの父、つまり私の祖父である十三代原三信の祖先をさかのぼると、豊臣秀吉による九州平定ののちに筑前国の領主となった黒田長政に藩医として召し抱えられた人物を初代とします。それからは代々、一族で医を家業として、今にいたっています。

六代三信は十七世紀の貞享年間（一六八四〜八八）に、長崎出島で西洋医学を学び、オランダ商館の医師から阿蘭陀《おらんだ》外科免状を授けられました。その長崎滞在中に、オランダで出版されたドイツ人レメリンの人体解剖書『小宇宙鑑』の翻訳書の写本を作っています。有名な杉田玄白がドイツ人医師ヨハン・アダム・クルムスの医学書のオランダ語訳「ターヘル・アナトミア」を翻訳した『解體新書』より約八十七年も前のことです。

明治維新による近代化のあと、十三代三信は、福岡市ではさきがけとなる私立病院を設立しました。レントゲン機械の先駆的導入、梅毒の特効薬サルバルサン処方……、時代の移りかわりとともに、つぎつぎに新しいものを敏感にとりいれてきました。

一方、日本の医療に目を向けると、はじめは中国、次に西欧を手本として進歩してきました。医学をとりまく科学の進歩、技術と産業の発展はめざましく、病院は診療科がたくさんにわかれ、専門化、臓器別医療が主体になっています。

私は八十五歳を超えた今、「これでいいんだろうか」と思うことが少なくありません。これまで医学が歩んできた道、これから進むべき道のことです。

病気の原因は一つの臓器だけでなく、精神も含めて人を心身一如の全体として考える必要があります。東京慈恵会医科大学の創始者高木兼寛博士は「病気を診ずして病人を診よ」という理念をかかげました。病気だけを診て人を診ないようではいけないと戒めています。

医学の専門化が進むこと自体は悪いことではありませんが、「病気を治す」ことに偏っているように思われてなりません。その半面、「病気にしない」ことが軽んじられてはいないでしょうか。

超高齢化社会を迎えた現代、国民皆保険制度を維持・存続するためには、これまで医療が掲げてきた「病気を治す」という思考モデルから、「病気を予測し予防する」「病気にしない」という思考モデルへの転換が必要だと考えています。

高度医療の進化により、かつては回復が見込めなかった病気を克服することが可能になりつつあります。必要となる研究・開発のために、施設整備をふくむ医療費・薬品が高額になり、わが国の医療費を押し上げる第一の要因となっているのです。近年の医療費の総額は四〇兆円を超えこの十年間だけで一〇兆円も増えているのです。

多くの高齢者が健康を維持して高度治療の必要が少なくなれば、医療費を含む社会保障費を大きく減らすことができます。「治療」から「予防」へとシフトすることこそが、今後の医療のあるべき姿であり、結果として医療費の大幅な削減につながると思います。

今、あらためて見直しているのは、第六代原三信と同時代を生きた貝原益軒（一六三〇～一七一四年）のことです。『黒田家譜』『筑前国続風土記』や『養生訓』などの著作で知られる黒田藩の儒者は、終世医学すなわち人間のいのちと健康について関心をもちつづけていました。

貝原益軒は元々虚弱体質でしたが、健康に気をつけて養生の術を実践し、八十三歳まで長生きしました。生涯最後の著作『養生訓』で益軒は、養生の術は「安閑無事なるを専らとせず。心を静かにし、身をうごかすをよしとす。」と記し、それは「身を安閑にするは、かへつて元気とどこほりふさがりて病を生ず。たとへば流水はくさらず、戸枢（木製蝶番）はくちざるが如し」だからです。体を動かすことで気がめぐり、血流もよくなります。健康な長寿を楽しむ

貝原益軒銅像（曹洞宗金龍寺　福岡市中央区今川）

ことを、日々こころがけたいものです。

私は、毎日一万歩以上を歩いて、階段の二段上がりを実行しています。これには、今年の7月105歳で亡くなられた日野原重明先生の影響もあります。日野原先生は、2000年に「新老人の会」を結成されましたが、翌年私は福岡支部を設立して、世話人代表を務めております。私は先生が80歳代の後半頃から国内や海外の講会にお供しましたが、先生はエレベーターやエスカレーターを使わず、階段を一段飛ばしで上られました。荷物も自分でお持ちになり、当時60歳代の私よりも体力がありました。私も先生にならって、早く歩いたり階段の二段上がりをするようになり、下半身の筋力がついたのだと思います。日野原先生は、「生活習慣病」と言う言葉の生みの親ですが、まさに「現代の貝原益軒」だと言えます。

江戸初期から現代に至るまで約四百年にわたって、原一族は医業を継いできました。現在、私の世代での医師は私一人になってしまいましたが、すでに、子どもたちの世代が病院経営を担っています。やがて、次の世代からも医学を志す者が出てくると信じています。医の道を守り、絶やさぬよう、先人の教えと足跡をきちんと伝えたいと願い、祖先である歴代原三信の足跡をあらためてたどります。

前作の『博多に生きた藩医　原三信の四百年』で、原三信を、その生きた時代のなかで描こうとしました。それは、原三信に関する史料が少なかったことに理由がありますが、結果的に、読み物としては少々堅いものになってしまいました。今回は若い方々にも読んでいただきたく、できるだけ平易に、原三信に絞ってまとめてみました。前著との重複も多くありますことを、ご海容いただければ幸いに存じます。

原　寛

原三信と日本最古の翻訳解剖書◉目次

第四章——義兄弟

第五章——医のこころ

原三信　と日本最古の翻訳解剖書

第一章　解剖書

「長崎細見之図」（部分、九州大学附属図書館所蔵）

出島

江戸時代、いわゆる「鎖国」政策の中にあって、徳川幕府は、外国に対して長崎の港を開き、中国・オランダとの貿易のみを許しました。

　その長崎の港に扇を広げた形の出島は、広さ一・三二ヘクタールほどの人工島です。周囲の長さは、南側二三〇メートル、北側一九〇メートル、東西各七〇メートル、外周は五六〇メートルになります。

三代将軍徳川家光が寛永十一（一六三四）年、二十五人の有力町人に命じて出島を造らせました。二十五人は、長崎の町年寄や九州諸藩で貿易をしていた豪商らで、長崎が貿易港として発展するのを見こんで、早くから長崎に移り住んでいました。

とくに筑前博多の商人は、代官となる末次のほか、大賀、伊藤らが進出し、町名にも興善町、博多町といったゆかりの名前がついています。

出島は板塀で囲まれていました。和風建築の木造家屋四十数棟が立ち並び、赤白青の三色旗を掲げた旗竿が高々と立っていました。

出島にかかる橋の手前に、木板の「制札」がありました。

禁制

一、傾城《けいせい》之外女入事

一、高野《こうや》聖《ひじり》之外出家山伏入事

一、諸勧進《かんじん》之者並乞食入事

一、出島廻り榜示木《ぼうじぼく》杭之内船乗り廻る事

一、断なくして阿蘭陀人出島より外へ出る事

右之条々堅可相守《かたくあいまもるべき》もの也

卯　十月

制札をすぎて橋を渡り出島の表門をくぐると、左手に植物園があり、夏には淡黄色の葵《あおい》の花が咲いていました。十九世紀前半にやってきたシーボルトは、日本や中国の草花を植えて、その数は千四百種にもなりました。ほとんどが薬草園であり、農作物の畑もありました。植物園の端には玉突《ビリヤード》き部屋や、当時、傾城《けいせい》とよばれていた遊女たちの部屋もありました。なかでも商館長の建物は「カピタン部屋」と呼ばれる二階建てで、出島で一番立派でした。

出島が完成すると、それまで町に住んでいたポルトガル商人たちを出島に移住させました。キリスト教の布教を禁止するための隔離政策です。

そもそもポルトガル人は、キリシタン大名、大村純忠の停泊地提供によって元亀二（一五七一）年、長崎に来航しています。それ以来、長崎はポルトガル貿易の拠点となり、町にポルトガル人が自由に住んでいましたが、幕府は、キリスト教布教への不信から、出島に押し込めたのです。

ところが、寛永十四（一六三七）年冬に島原の乱が起きたのです。翌年二月に乱をおさめた幕府は、キリシタンとなった日本人が乱を起こしたとみて、ポルトガル人を出島からも追放し、通商と日本渡航を禁じます。

このころ、ポルトガルは、東アジアの市場独占をねらうオランダと激しく争っていました。ゴア、マラッカ、マカオから長崎にいたる海上ルートの争奪戦で艦隊同士の交戦をへて、重要拠点のマラッカを奪われ、東アジアでの勢力が衰えます。逆に南米のブラジルではオランダが撤退し、ポルトガルはブラジルやアフリカの植民地支配に力を入れていきました。

一時は無人島となった出島にオランダ人が入ったのは寛永十八（一六四一）年。平戸の商館を取り壊し、キリスト教の宗教活動をかたく禁じられてのことでした。平戸から出島に移るときは、十人ほどいた通詞たちも連れてきました。オランダは、島原の乱ではキリシタン軍のたてこもる原城を砲撃し、幕府への忠節をあらわしてもいました。

オランダ商館は、世界初の株式会社といわれるオランダ東インド会社の出先機関です。東インド会社は一六〇二年、バタビア（現ジャカルタ）に設立されました。軍隊をもち、条約の締結、植民地経営の特権をもっていました。十九世紀初めにはオランダ本国が東インド会社を経営します。

長崎警備

福岡藩が長崎警備をはじめたのは、島原の乱（一六三七～一六三八年）のあと、徳川幕府がキリスト教の布教を防ぐために、ポルトガル船の来航を禁止したのがきっかけです。

もし来たら、船をこわし、全員処刑すると宣言しました。ところが禁止の翌年、貿易再開をもとめる使節をのせ、ポルトガル船がマカオから長崎にやってきました。幕府はことわり、使節ら六十一人を処刑し、船も焼いて沈めました。このことを報告させるために、船員十三人を別の船でマカオに送り返したのです。

幕府は、ポルトガルが報復にくると予想して、寛永十八（一六四一）年二月、福岡藩主、黒田右衛門佐忠之（一六〇二～五四）に、この年の江戸への参勤を免除し、かわりに長崎の警備を命じました。忠之は、幕府から大砲や弾薬を借り受けて警備にあたりましたが、この年は何事もおこりませんでした。

翌年、隣の佐賀藩主の鍋島信濃守勝茂にも長崎警備が命じられ、以後、福岡、佐賀の両藩が一年交替で警備にあたるようになりました。両藩は、港口の東西両岸に置く二つの番所と周辺の七つの台場（砲台陣地）を持ち場にしました。毎年四月に交代し、当番年には、千人近い兵員が長崎に赴きました。

福岡藩は四月から九月下旬のオランダ船帰帆までは「大番」といって、中老、大組頭、鉄砲大頭、馬廻頭以下約千人を派遣しました。士分は百日交代、足軽や加子・水夫らは一年勤務とし、オランダ船が帰った後は「加番」として七百人に減らし、四月の交代時まで残しました。福岡藩主は、オランダ船がやってくる七月と帰っていく九月、長崎に行きました。

六代三信と貝原益軒

長崎には、中国の文化や西洋医学を学ぶ人々がたくさん訪れました。医学を志す人々はオランダ商館の医師から免状をもらうためです。福岡藩から派遣された原三信元弘（生年不詳～一七一二）もその一人でした。元弘が長崎に来たころは、オランダ人が出島に来てから四十年以上たっており、医学修業に派遣される日本人も恒例になっていました。

原家では、藩医をつとめる医師として代々、「三信」を襲名しており、元弘は第六代です。元弘は、長崎出島での勉学を終えると、オランダ医から授かった外科免状と二つの写本を持ち帰りました。原家の「三種の神器」ともいえる家宝です。写本は、緻密な人体解剖書と外科術絵巻。どちらも外国の本を、元弘自身が丹念に模写したものでした。

六代三信は、長崎警備に向かう船団に入って、長崎に来たと思われます。福岡藩の屋敷は出島の北東にありました。三信は宿所に滞在し、正月や春先にかけて商館長が江戸参府する時期や、貿易事務で多忙な夏の時期を除いて、合間を見て出島に通ったとみられます。

六代三信が長崎に派遣されたのは、福岡藩の第三代藩主、黒田光之（一六二八〜一七〇七）のときです。長崎に入ったくわしい時期はわかっていません。ただ、外科免状にオランダ医が署名した日付が貞享二（一六八五）年九月なので、修業期間が一年だとすれば、貞享元年秋に来ていたことになります。後で述べるように、解剖書の写本を終えたのが貞享四年なので、長崎滞在は三年にわたったことになります。

私は、その長崎修業の時代を思い浮かべるために、六代を一六五五年生まれと推定しました。長崎に来たのは、三〇歳のころになります。医師として修業するには、気力も体力もみなぎっていたはずです。

「まえがき」で触れた貝原益軒（一六三〇〜一七一四）も長崎に遊学しています。益軒は三信より二十五歳年長です。益軒は二十歳の頃藩主忠之に従って長崎に赴いていますが、その後忠之の怒りに触れ、二十一歳の時に免職になります。その後七年間の浪人生活を送ることになりますが、その間二五、六歳のころ、三たび長崎に滞在し、中国の学問を学んでいたようです。

時がたって、三信が長崎にいたころの益軒は、医学への関心ももちつづけていますが、『筑前国続風土記』を書くために領内や諸国をめぐる旅をつづけていました。

また、長崎には、博多出身の豪商がたくさんいました。

益軒は、研究、著作のために書物を手に入れる目的もあったでしょう。そして、筑前の歴史や文化、産業、経済などさまざまな知識を求めて、長崎で貿易活動をしていた博多出身の豪商たちに話を聞く機会もあったと思います。

医学修養中の三信にとって、益軒は医の道においても、藩士としても尊敬すべき大先輩です。出会った二人は、こんなやりとりをしたのではないかと想像しました。

貝原益軒夫妻の墓、右が益軒（曹洞宗金龍寺　福岡市中央区今川）

「三信どの、医学の勉強はすすんでいますか？」

「はい、目を奪われることばかりです。とくに外科術のすばらしさに驚きます」

「パレの絵巻をご覧になったでしょうか。わが国には見られない外科術の要点が、いくつも描かれております」

「わたくしも、通詞の楢林殿に見せていただきました。傷の手当ての仕方、珍しい器具、用具の使い方が詳しく示されており、大変、参考になります」

「さようか。ではそなたも、絵巻を筆写されてはいかがかな」

「はい、ぜひ写本を致したいと存じます。カピタン殿やメストル（商館医）殿は、正月には江戸参府に出かけて出島を留守にされます。その折に書き進めるつもりでおります」

「なるほど、それはよいお考えじゃ」

「わたくしの絵は、むろん絵師のようには参りませんが、写本をいたしますと、西洋の細かい工夫やコツが、よく覚えられそうでございます」

パレの外科術式図譜絵巻

元弘が長崎から持ち帰った家宝の一つ、パレの『阿蘭陀外科術式図譜絵巻』は、八つのカットがあります。

手の切断術後の処置、切断術に使う外科器具とガーゼ、包帯。頭頂の疵《きず》の手当とそれに使うメスと包帯。穿頭器と先端のドリルを装着したところとはずしたところ。頬の傷の手当て。疵口がきれいに治るように鋳型に切った布を頬に貼り、その布を縫合する方法の図。眼球にかかった目の疵、兎唇の治療法と局部を拡大して示した図、ヒイーと呼ぶ一種のカテーテルの八つです。

これと同類のものは、長崎県平戸市の松浦史料博物館にもあります。

絵巻のもとをたどると、フランスの外科医アンブロワズ・パレ（一五一〇〜九〇）の『外科全集』の挿図を模写したものとみられています。

パレは、軍医として戦地で兵士の銃弾による傷の治療経験を積みました。手術後の止血に軟膏を使ったり、手や足の切断手術のときに血管を糸で結んだりする方法を考案しています。

元弘の外科免状に署名した八人の通詞の一人、楢林新右衛門（一六四八〜一七一一）は、通

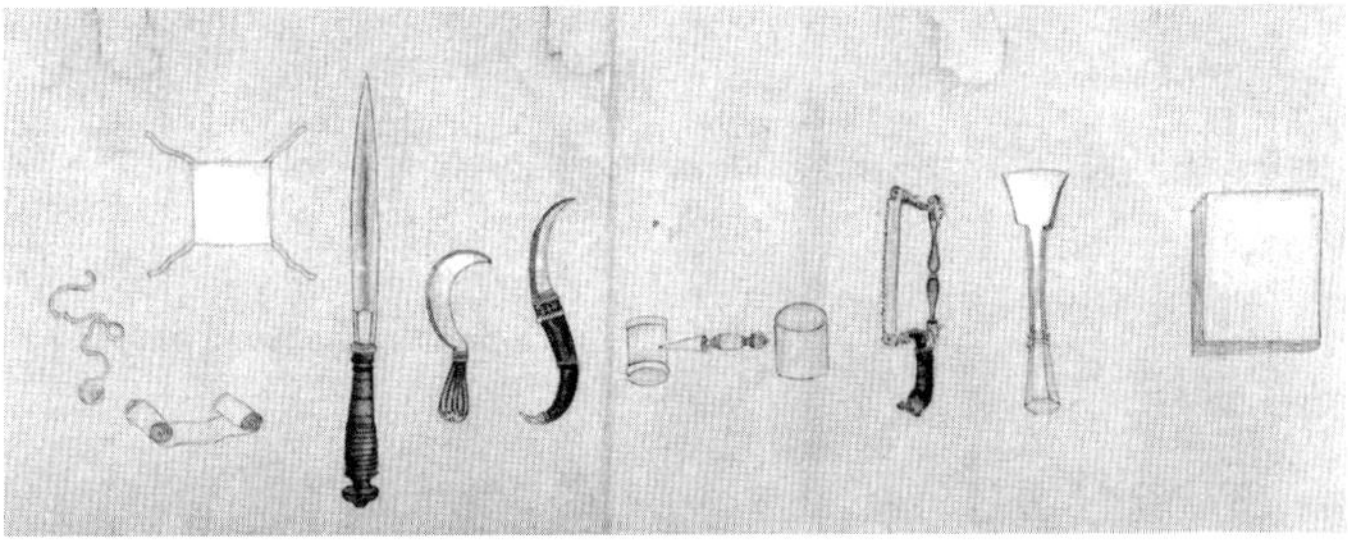

外科手術に使用した道具（パレ「外科術式図譜絵巻」）

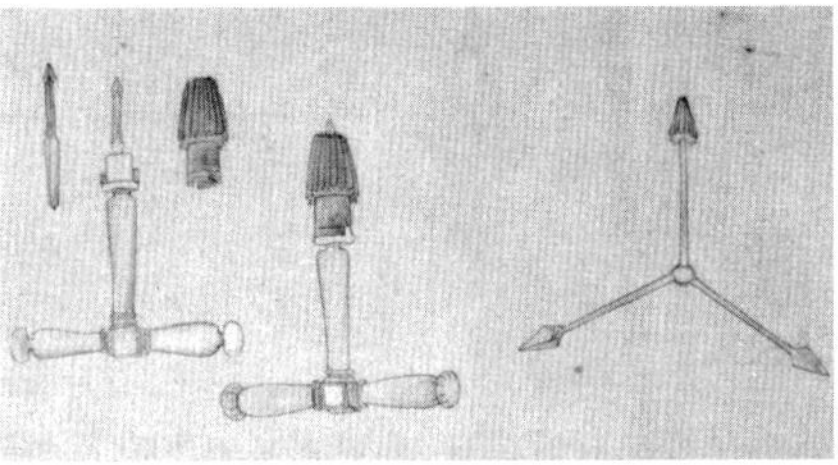

ドリル

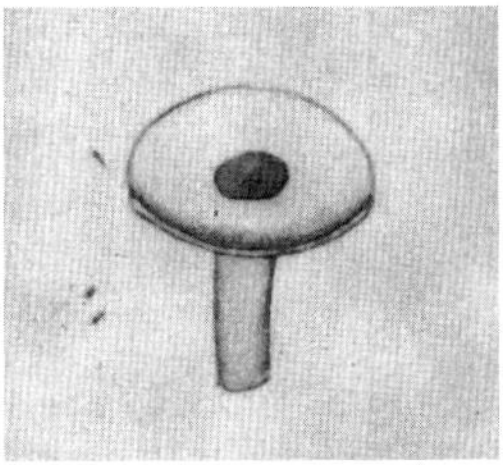

カテーテル

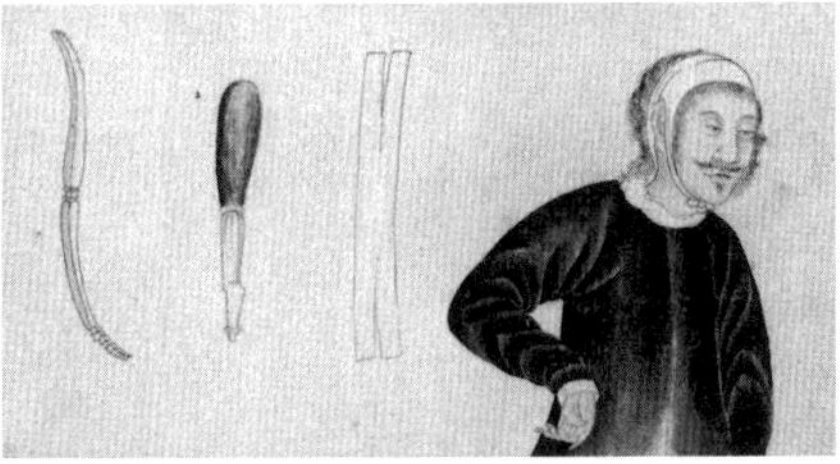

包帯

顔の傷

唇の傷

眼の傷

手の切断術後の処置

詞をやめて外科専門の医者になりました。そのときに名前を栄林と改め、号を鎮山としました。通訳の経験をとおして学んだことをまとめ、『紅夷外科宗伝』を著しています。長崎大学所有の『紅夷外科宗伝』にも同じような絵巻がついています。

その序文を書いたのは貝原益軒（一六三〇～一七一四）でした。鎮山にとっても益軒は医の道の先輩だったわけです。

商館医オベー

元弘が学んだ商館医は、ヘンドリック・オベーです。オベーはニューヨーク生まれのオランダ系アメリカ人で、外科医として一六八三年夏、日本に赴任しました。八六年秋まで日本に三年間滞在し、江戸参府を三回体験しました。最初の八四年の参府のとき、江戸城で第五代将軍、徳川綱吉（一六四六～一七〇九）に拝謁し、歌を歌ってダンスを踊ったり、医学上の質問を受けたりして、人気者でした。

当初の予定では、オベーは八四年秋には日本滞在を終える予定でしたが、人気者への日本側の要請で、さらに一年とどまることになり、八五年十月には商館医より格上にあたる商務員に昇格していました。

元弘の長崎遊学の目的は、オランダ医学の中でも、とくに外科の医療技術と知識を学ぶことにありました。当時の日本の医学は、漢方が主流でしたが、外科医術においては、漢方より優れたものが西洋医学にあるとみられていたのです。

日本への西洋医学は一六世紀半ば、まずポルトガル人による南蛮流の外科医術が伝わりました。鉄砲伝来によって頻発する銃創の治療では、弾丸の摘出、傷口を縫合する技術が日本人には新鮮であり、薬品としてオリーブオイルやアルコールも導入されました。

そして、島原の乱のあと、出島のオランダ商館に外科医が常駐するようになり、日蘭医学交流が徐々に本格化します。

とくに、一六四九年に来日した外科医カスパル・シャムベルゲル（一六二三〜一七〇六）は江戸へ参府し、大目付井上筑後守政重の紹介で、稲葉美濃守正則らを患者として治療にあたりました。このときの評判がよかったのか、以後、オランダ東インド会社への医薬品、医書、医療道具などの注文が増えています。

そして、江戸での評判を伝え聞いた諸大名らが、出島で医学教育を受けさせるために侍医を長崎に派遣する例が増えています。元弘が長崎遊学を命じられた貞享年間のころは、医師のエリートコースになっていたことでしょう。元弘の外科免状は、最先端の医術である蘭医学を修めた証拠ですから、当時はそうとうに価値が高かったのです。

外科免状

九州大名誉教授ヴォルフガング・ミヒェル氏の研究によると、オランダ商館の商館医から、同じような免状を受けた人たちは元弘の前にも数人いたことがわかっています。現存する資料で確認できる免状の交付年と氏名は、次の通りです。

一六六五年　嵐山甫庵
一六六六年　平田長太夫
一六六八年　瀬尾昌琢
一六六八年　西　玄甫
一六六八年　太田黒玄淡
一六八五年　原　三信

こうした蘭館医によるオランダ語の免状は、一六五八年に初めて発行されたことが、出島商館長日誌に記されています。

元弘が受けた外科免状を日本語に訳しますと次の通りです。

「医師アルバート・クローンは弟子原三信が外科医術を学び、私の知ることを非常によく理解したこと、かつまたその詳しい知識を理解したことを認める。

１６８５年10月18日

アルバート・クローン」

これに通詞の漢文による翻訳、解説文がついています。内容は、オランダ語のもの

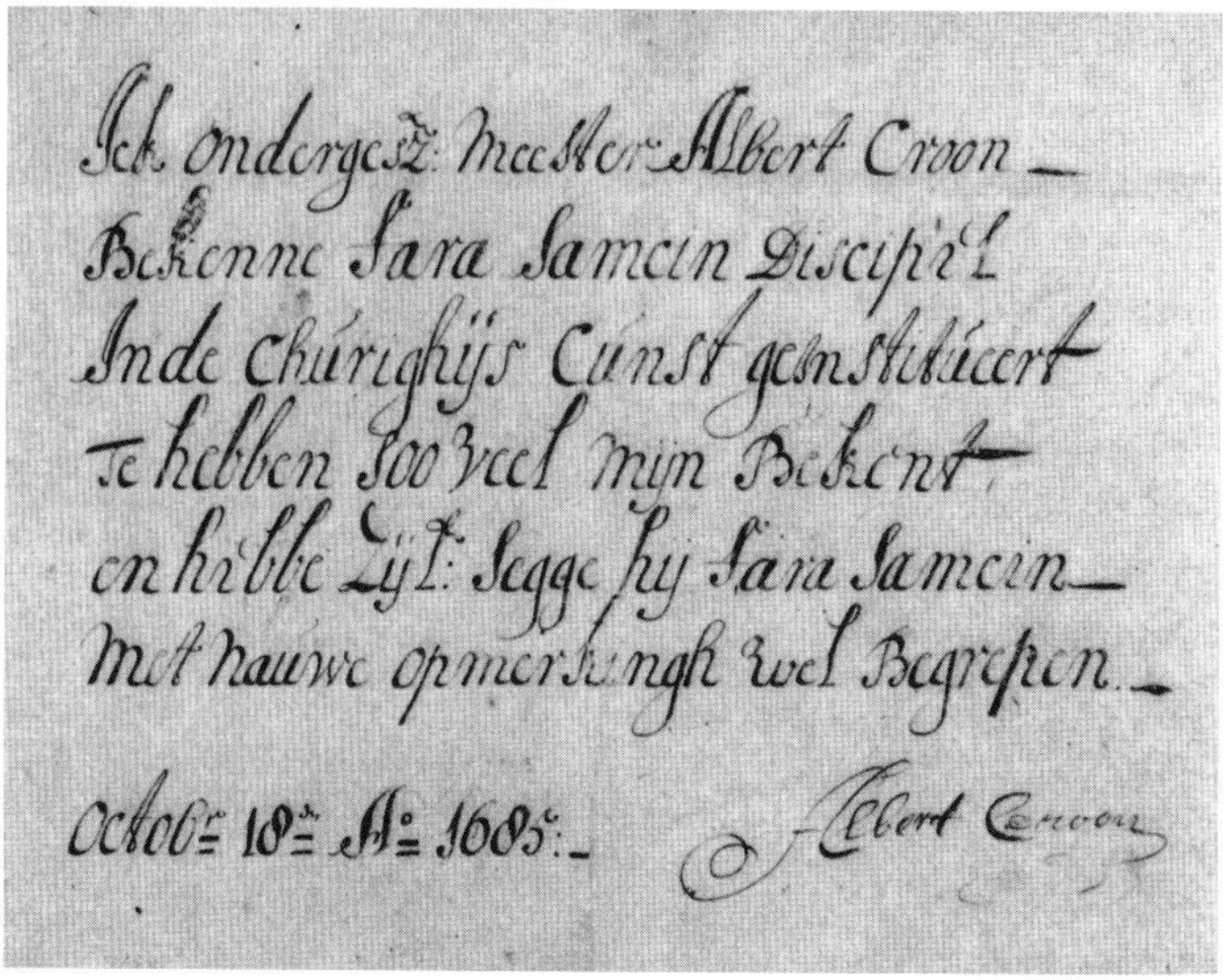
Ick ondergesz: Meester Albert Croon —
Bekenne Sara Samcin Discipel
Inde Churighijs Cunst geinstitueert
te hebben Soo veel mijn Bekent
en hebbe Zijt: Segge hy Sara Samcin —
Met nauwe opmerkingh wel Begrepen. —
Octob: 18: A: 1685: —　Albert Croon

アルバート・クローンが六代原三信に与えた免状（原文）

にはない、署名者とは別の医師の名前などたくさん追加されています。

読み下し文にすると、

「貴殿　当年　御奉行所より御赦免を蒙られ　メストロ　ヘンデレキ・ヲヲベイ阿蘭陀外科の一流　金瘡並びに膏薬油の取り様効能まで具に直伝を得られたといえども今度　御赦免に依って其外治一流口伝の仕掛薬方等残らず相伝せしめて畢す。今より以後いよいよ療治の工夫鍛錬いたさるべく候　仍ち印家これを加赦するもの也。且つ亦　先年の直伝　多年の執行に依って今度学頭その功　外治において甚きを俑む　随分猛すべし　證文此の如し。

メストル

アルブルト・コロウヌ

右の通り出島に於て阿蘭陀外科稽古の刻　御奉行様より御検使に添えなされ　両メストルに相伝を得られ此度印家赦さる　これに依って阿蘭陀文字　印家の文章相違なく委細和げ申す所也。其奥書として件の如し

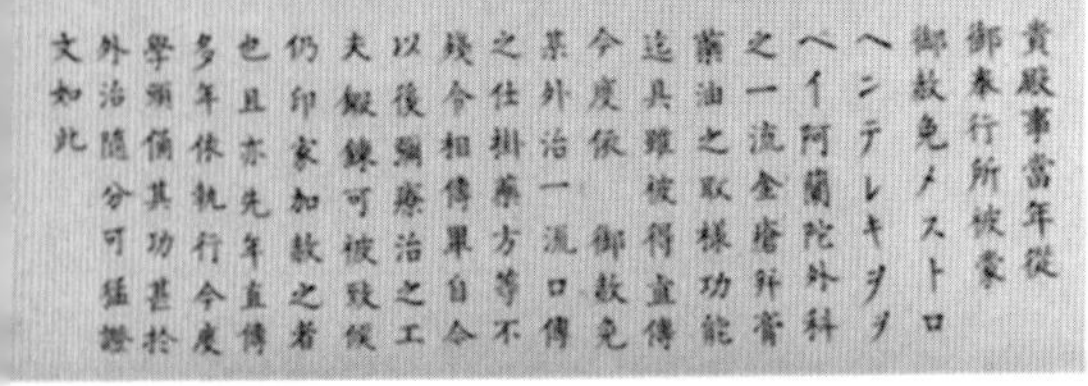
貴殿事當年従
御奉行所被蒙
御赦免メストロ
ヘンテレキヲヲ
ヘイ阿蘭陀外科
之一流金瘡幷膏
藥油之取様功能
迄具雖被得直傳
今度依　御赦免
其外治一流口傳
之仕掛藥方等不
殘令相傳畢自今
以後彌療治之工
夫鍛錬可被致候
仍印家加赦之者
也且亦先年直傳
多年依執行今度
學頭備其功甚於
外治隨分可猛證
文如此

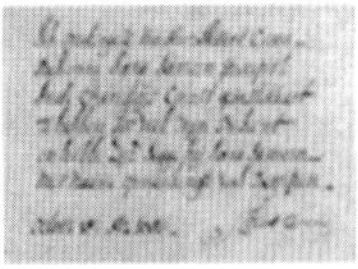

六代原三信が得た蘭方外科免状（翻訳、解説文）

貞享三年丙寅八月念九日
阿蘭陀通詞　横山又右衛門（印）
同　本木太郎右衛門（印）
同　石橋助左衛門（印）
同　中山六左衛門（印）
同　楢林新右衛門（印）
同　横山興三右衛門（印）
同　本木庄太夫（印）
同　加福吉左衛門（印）
原三信医老」

メストロ（医師）のヲヲベイとは、オベーのことです。

八人の通詞連名で署名した日付は、貞享三年八月二十九日（１６８６年10月16日）。

オランダの医師クローンが署名とともに記した日付「１６８５年10月18日」からほぼ一年もかかっています。なぜ、こんなに時間がか

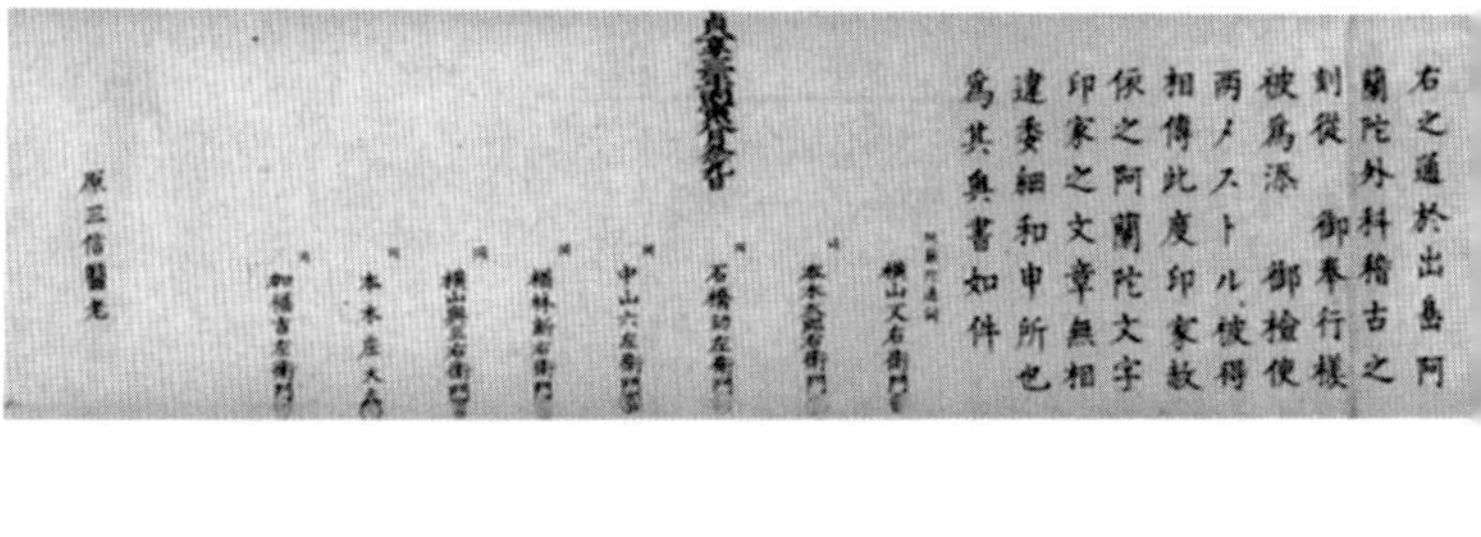
右之通於出島阿
蘭陀外科稽古之
剋從　御奉行様
被爲添　御撿使
兩メストル被得
相傳此度印家敖
依之阿蘭陀文字
印家之文章無相
違委細和申所也
爲其與書如件

かったのでしょうか。
（以下、西暦と和暦の両方を示す必要のある年月日は、西暦を洋数字で記します）

ミヒェル氏の研究によると、通詞の署名が遅れた理由は、大きく二つが考えられます。

一つは、オベーが１６８５年10月に商館医から、より地位の高い商務員に昇格したため、商館医としての署名を控えたのかもしれません。

免状に署名した医師クローンは、この年の八月下旬に日本に到着して長崎に滞在し、遅くとも十一月ごろ同じ船で日本を去ったようです。クローンが三信の免状に署名をした日付「１６８５年10月18日」（貞享二年九月二十日）は、新商館長クライヤー就任の翌日にあたります。新館長のもとで昇格したオベーは、おそらく形式上の理由で、署名を控えたと推定されます。オベーの代役ともいえる形で免状に署名したクローンの名は、商館長日記に記録されていないし、三信の免状の署名以外に来日の記録は見つかっていないようです。

通詞たちは、原三信に外科医術の教育をした医師オベーが署名すべきなのに、そうではない人物が免状に署名していること、また、商館員でない医師による証書をどう扱うかについて迷ったことが考えられます。

密貿易事件

通詞の署名が遅れた二つ目の理由は、出島を舞台にした密貿易事件です。オランダ人がらみの密貿易事件が発覚し、その影響が免状発行の遅れに追い打ちをかけた可能性が高いのです。

この事件は、刑死者を多数出した、きわめて重大な事件であり、長崎奉行所の判決記録「犯科帳」に記録されています。

「犯科帳　第一冊　表紙」（長崎歴史文化博物館所蔵）

「犯科帳」は寛文六（一六六六）年から慶応三（一八六七）年まで二百年間、百四十五冊にわたる長崎奉行所の判決記録です。

その事件の処刑日は貞享三（一六八六）年九月十八日（11月3日）。

罪人は日本人二十八人、オランダ人も八人が関わりました。犯科帳の記載をもとに、刑罰の重いグループ順に罪人の名前、職業、年齢、入牢日を列挙します。

こんふら　　　　善右衛門　　寅歳五十　寅六月四日籠舎
阿蘭陀内通詞　八郎右衛門　寅歳廿四　寅六月七日籠舎
阿蘭陀内通詞　長右衛門　寅歳三拾壱　寅六月七日籠舎
阿蘭陀内通詞　市右衛門　寅歳四拾　寅六月五日籠舎
　此四人之者共寅九月十八日於西坂磔行之

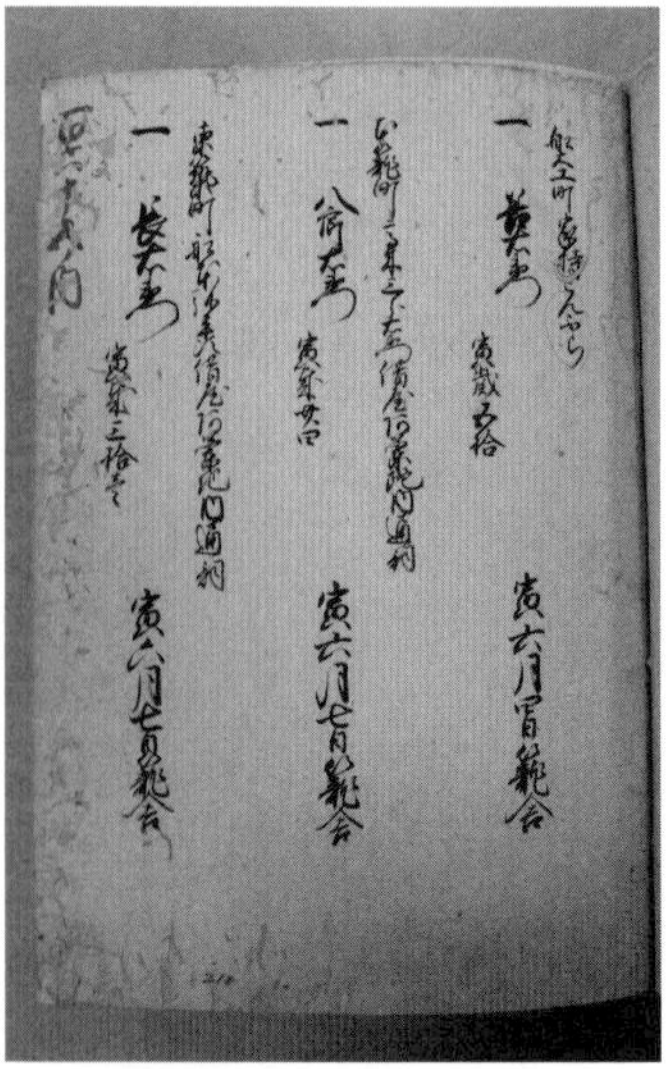

犯科帳「密貿易事件こんふら」
（長崎歴史文化博物館所蔵）

　この四人は磔刑に処せられました。
　処刑者の職業にある「こんふら」は、ポルトガル語のコンプラドールがなまって「コンプラ仲間」と呼ばれた仲買人のことです。出島のオランダ人のために食料、家財などの品物を調達していました。
「内通詞」は長崎奉行の配下にはない民間の通詞で、単語を少し知っているだけのような人たちが多く含まれていました。
磔《はりつけ》は、罪人を公開の処刑場で柱に縛りつけ、槍などで突く。死刑の中でも最も重いものです。
死刑の罪人は、この四人にとどまりません。

安兵衛　　寅歳廿五　　寅六月四日籠舎
惣　市　　寅歳弐拾　　寅六月七日籠舎
庄右衛門　寅歳四拾五　寅六月七日籠舎
市之助　　寅歳廿壱　　寅七月二日籠舎
此四人之者共寅九月十八日於同所首刎掛獄門

さらに四人は、首がはねられ、獄門にさらされました。

対馬問屋　源　七　　（空白）　寅六月七日籠舎
たんへいの船頭　仁右衛門　寅歳三拾八　寅六月七日籠舎
　清兵衛　寅歳五拾三　寅六月七日籠舎
数合
　八兵衛　寅歳三拾八　寅六月七日籠舎

数合　　　　伊左衛門　寅歳四拾　寅七月廿五日籠舎
番船の船頭　七左衛門　寅歳三拾　寅六月七日籠舎
但何権左衛門手代　藤兵衛　寅歳三拾三　寅六月十四日籠舎
　　　　庄次郎　寅歳六拾三　寅六月九日籠舎
数合　　久左衛門　寅歳三拾五　寅六月九日籠舎
数合　　伊兵衛　寅三拾三　寅六月九日籠舎
数合　　権兵衛　寅歳四拾九　寅六月八日籠舎
　此拾壱人之者共寅九月十八日於同所斬罪之

「たんへい」は近距離輸送の和船「団平船」のことであり、「番船」は密航などを見張る監視船です。
以上、「首刎掛獄門」「斬罪」の計十五人が打ち首の死刑でした。

対馬問屋源七下人　三　助　寅歳廿四　寅六月三日籠舎
　　　　　庄　吉　寅歳廿六　寅六月四日籠舎
対馬問屋伊兵衛下人　平左衛門　寅歳三拾五　寅六月五日籠舎

右伊兵衛子　六之助　寅歳拾四　寅六月六日町内ニ預置之
数合　仁右衛門　寅廿二　寅六月九日籠舎
数合　作兵衛　寅三拾三　寅六月九日籠舎
数合　八郎兵衛　寅歳五拾弐　寅六月九日籠舎
数合　次郎兵衛　寅歳三拾四　寅六月九日籠舎
数合　惣兵衛　寅歳五拾六　寅七月四日籠舎
此九人之者共寅九月十八日長崎十里四方令追放之重而当所江立帰候はゝ可令死罪之旨相含之

残る九人は長崎から十里四方の外へ追放（立ち帰ったら死罪）とされました。
これら日本人計二十八人の罪状について、犯科帳の文面はきわめて簡潔です。

「右弐拾八人之者共於出嶋阿蘭陀人と令密談糸端物盗出シ商売仕候段詮議之上致露顕其趣江戸江申上御下知如此ニ申付候事」

二十八人は、商人や船頭、水夫、船を使って出島から「糸端物」を盗み出し、売りさばいたのです。倉庫管理の実情、実務に詳しい商館勤務のオランダ人と密談、共謀したことが書いてあります。

「密談」した共犯のオランダ人は次の八人です。

よわのすはるまんとろう
へんてれきおうへい（ヘンデレキ・ヲヲベイ）
ひいとろふるている
よわのすてへいる
はんでぼろく
なういんとてつける
こるねるすすいみんせん
ういろんふるとん

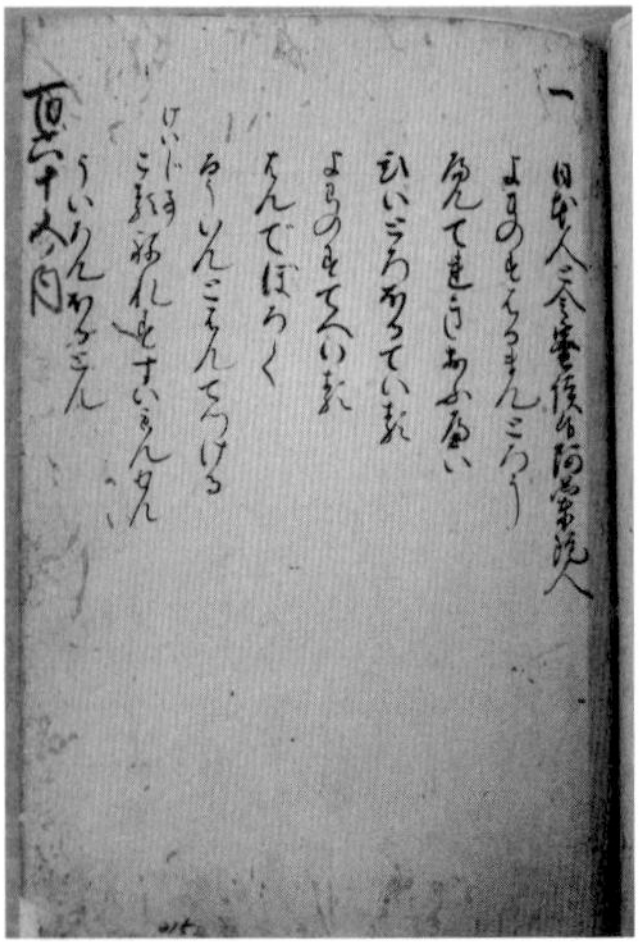

犯科帳「密貿易事件のオランダ人」
（長崎歴史文化博物館所蔵）

この八人に対する判決は、

右八人従江戸御下知寅八月十三日（9月30

日）手錠かけ両かびたんニ預置之　日本人も死罪被仰付候間八人之者共於本国急度国法ニ
可行之由申聞両かびたん江相渡候事

となっています。

外国人のからんだ重要事件だったため、長崎奉行所は江戸に事件を報告し、指示を受けての判決を言い渡し、この八人に手錠をかけて新旧二人の商館長にひきわたしました。日本人は死罪になったのだから本国で処刑するようにと、両商館長に言いふくめたうえで国外追放にしています。

オランダ人の処分については、八月十三日に奉行所に連行し、おそらく、その日のうちに取り調べを終えて、出島に戻したとみてよさそうです。

日本人二十八人のうち十九人が死刑（九人は長崎十里四方の追放）という重大事件なのに、密輸品の出所であるオランダ人八人は、商館長の交代時期に合わせるかのように、国外に追い出すだけですませています。

オランダ人には極めて甘い裁きになったのには、わけがあります。

十七世紀のオランダは、日本の貿易を独占してはいませんが、日本としては輸入品の多くをたよっていました。たとえば生糸、木綿の加工もまだ自前ではできず、安く、安定した供給がほしかったのです。幕府は、オランダを責めすぎて貿易で反発を受けたくありませんでした。そんなかけ引きから、八人は外交官ではありませんが、それに近い取り扱いを受けたのでしょう。

また、商館長を含め「国外追放」といっても、実態は「再来航禁止」を伝えたもので、追放の時期も出島からの定期的な出発を待つだけのことでした。

原三信の免状への通詞による署名は、その十六日後の八月二十九日。日本人たちの処刑日九月十八日は、商館長の交代、すなわち国外退去の二日前でした。

罪を問われたオランダ人の一人、「へんてれきおうへい」すなわち「ヘンデレキ・ヲヲベイ」は、いうまでもなく原三信元弘に医学を教え、免状に名前が記されている外科医オベー、その人です。

原三信の外科免状は、きわめて異例ずくめの状況下で作成されました。

この時の商館長クライヤー（一六三四〜九七）の在任期間は、オランダの記録によると、まず1682年10月20日〜1983年11月8日、二回目が二年後の1985年10月17日〜86年11月5日です。一六六七年からバタヴィアで薬局を経営したり、出島にも勤務した庭師マイスターに植物園を管理させたりしました。日本での個人貿易と薬草園経営で大もうけして、バタヴィアに豪邸を建てたといわれます。

以上、外科免状と密輸事件に関する経過は次のようになります。

天和三（一六八三）年
九月二十日（11月8日）　商館長クライヤーに代わりランスト就任、オベー来日
貞享元（一六八四）年
九月十七日（10月25日）　商館長ランストに代わりブイテンヘム就任、オベー滞在延長
貞享二（一六八五）年
九月二十日（10月17日）　商館長ブイテンヘムに代わりクライヤー就任、オベー昇格
九月二十一日（10月18日）　クローンが原三信の免状に署名
貞享三（一六八六）年
六月三日（7月22日）　長崎奉行所が密貿易事件で最初の一人を牢に入れる
八月十三日（9月30日）　オランダ人八人「手錠かけ両かびたんに預け置く」
八月二十九日（10月16日）　通詞が三信の免状に署名
九月十八日（11月3日）　密貿易事件で日本人処刑
九月二十日（11月5日）　商館長クライヤーに代わりランスト就任。オランダ人国外退去
貞享四（一六八七）年

九月二十一日（10月25日）　商館長ランストに代わりブイテンヘム就任
九月二十六日（10月31日）　原三信が解剖書の写本を終えて署名

豪商の罪

ところで、出島では密貿易摘発が絶えませんでした。

原三信が赴任する前にも、二十年ほど前の寛文七（一六六七）年と、十年前の延宝四（一六七六）年、筑前に縁の深い有名な密輸事件が二つあります。

まず寛文七（一六六七）年、江戸時代最大の抜け荷といわれた、博多の豪商、伊藤小左衛門《こざえもん》の朝鮮への武器密輸出事件です。

小左衛門は福岡藩の長崎御用をつとめ、長崎五島町に屋敷を構え、長崎奉行の接待に自分の屋敷を提供するなど、黒田家と長崎奉行の橋渡し役もつとめました。海外貿易の投資もして富を築き、出島のオランダ商館長は、小左衛門の資金力について、銀七千貫目と記しています。

事件は、福岡、対馬、長崎、大坂にまたがる大がかりな密輸組織を浮かび上がらせました。

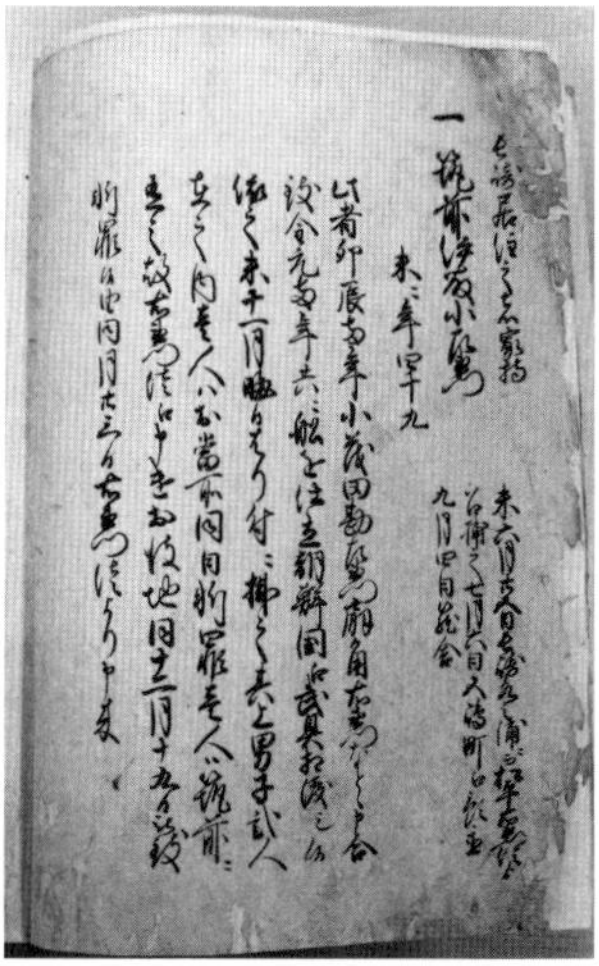

犯科帳「伊藤小左衛門事件」
（長崎歴史文化博物館所蔵）

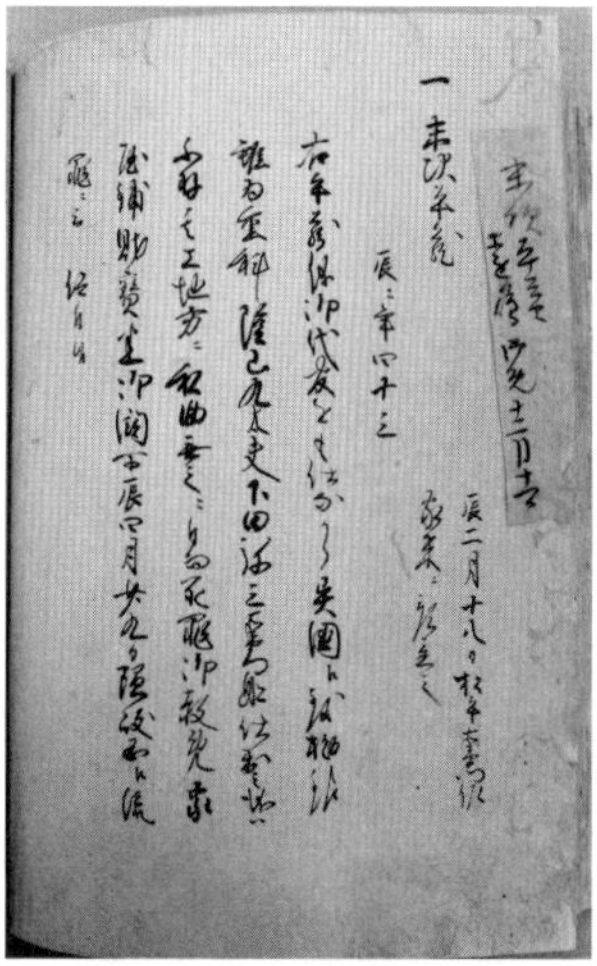

犯科帳「末次平蔵事件」
（長崎歴史文化博物館所蔵）

小左衛門ら五人が磔、十四人が獄門、十八人が斬首となり、犯科帳に記された関係者は七十人以上にのぼります。小左衛門の息子二人も連座して、斬罪になりました。

朝鮮への密貿易の品は、刀剣、甲冑、銃器、硫黄など。密輸の目的は、明を亡ぼした清に抵抗していた鄭成功を支援することにあったという説もあります。母は日本人で、鄭成功は平戸で生まれています。浄瑠璃や歌舞伎の「国性爺合戦」（近松門左衛門作）のモデルとも言われます。

もう一つは延宝四（一六七六）ちかまつ年、長崎代官、末次平蔵の事件です。

平蔵は代官をつとめながら異国への融資をした重い科でしたが、召使いの陰山九太夫と小通詞の下田弥三右衛門が船を仕立てていた

伊藤小左衛門一族の墓（妙楽寺　福岡市博多区御供所町）

ことは知らず、地元支配でも不正はなかったので、隠岐国に流罪を仰せ付けられた、というものでした。

末次家で、この平蔵茂朝の四代前の久四郎興善は、ポルトガル船が長崎に来航して、開港したころ博多から移住しました。興善は長崎での功績がみとめられ、その名は興善町という町名になって、いまも残っています。興善の子である平蔵政直が代官になり、以後、政直の子である平左衛門茂貞、茂貞の子平蔵茂房、茂房の子平蔵茂朝が代官職を継ぎました。

平蔵茂朝の密貿易は、陰山九太夫がカンボジアにわたって船を買い、中国人の船頭を雇う大がかりなものでした。

犯科帳には、磔、獄門、斬罪、流罪、追

放など多数の刑罰が記録されています。しかし、平蔵は融資をしたものの密輸船のことは知らなかったとして、流罪にとどめられたわけです。

伊藤小左衛門も、末次平蔵も博多出身の商人であり、鎖国の禁をおかして海の交易で巨利を得ました。直接の出資人だった小左衛門と、現職の代官で融資人だった平蔵とは、幕府の扱いが異なっていました。

原三新元弘がとばっちりをうけたオランダ商館ぐるみの事件を含め、三つの密貿易事件は、幕府が手を焼く密貿易の氷山の一角だったようです。

レメリンの解剖書

長崎滞在中、三信は解剖書の筆写にとりくみました。

写本の元となった解剖書は、ドイツ人レメリンの書いた解剖書の翻訳本でした。翻訳したのは、オランダ通事本木庄太夫（一六二八〜九七）で、出島に滞在したオランダ人医師テン・ライネ（一六四七〜一七〇四）が協力したとみられます。

本木庄太夫は長崎の通事、本木家の初代で、名は栄久。寛文四（一六六四）年、三十七歳でオランダ小通事となり、四年後に大通事に昇進しました。江戸番通事も九度務め、元禄八（一六九五）年に初代、阿蘭陀通事目付という通事の最高位につき、通称を良意と改めました。

ヨハン・レメリン（一五八三〜一六三二）は、ドイツのウルムに生まれました。チュービンゲン大学で哲学、医学を学び、一六〇七年に医学の学位を得ています。十年間、市医を務めて著した解剖書『小宇宙鑑』は、初版が一六一三年、三頁の小冊子（原家所蔵）で出た後、一六一九年には豊富な解説をつけてアウスブルクで出版されました。ラテン語やフランス語など各国語に翻訳され、日本で翻訳されたのはオランダ語版とみられます。

本木庄太夫が翻訳に取りかかったのは一六七四年で、天和二（一六八二）年ごろに完成し、『阿蘭陀経絡筋脈臓腑図解』と題し、長崎奉行に差し出されたとみられています。

三信が筆写した翻訳本は、解剖図と解説書が別冊に分かれています。

まず、解剖図は男女二体の全身図と臓器の部分図があります。男体の全身図は、胴体が胸部と腹部に分かれ、それぞれ何枚も重ねた紙を表面から順に開くと、まず筋肉、さらに奥の内臓や血管、骨格などが次々に現れます。頭蓋骨も脳膜、脳の順で現れます。

臓器の部分図は、脳、脳神経、大動静脈系、目、耳、舌、心臓、肝臓、胃、大小腸、腎臓、生殖器・尿路系などが並んでいます。

女体全身図も同様の構造になっています。また、左右に胎児と胎盤のついた妊婦の腹部「懐胎之図」が別にあり、開くと、妊娠子宮が現れます。

人体図の輪郭は、繊細な線が引かれ、ペンのようなもので描かれています。絵図の細かな部位に、朱色でイロハの記号がつけられ、別冊の解説書は百十六ページにわたり、説明が列記されています。

頭部から始まる解説文は、次のようになっています。

イ　頭頂《ヅテウ》　イタヾキ
ロ　額《カク》　ヒタイ
ハ　顖《シン》　ヲドリ
ニ　耳《ち》　ミヽ
ホ　脥《キヤウ》　ホウ
ヘ　上唇《シン》　クチビル
……

頭後ノ脳ノ圖
イ　頭後ノ脳此所ニ脳髄集ル
ロ　頭ノ後左ノ脳ト云
ハ　頭ノ後右ノ脳ト云

心臓ヨリ發ル頭經絡之圖
イ　頭ヨリ下喉ニ続ク神経
ロ　此所三ノ経ト云心臓ヨリ發順ル
ハ　心ヨリ顖ニ続キ頭ニ至ル経
……

各ページ十一行で、計百十六ページ。横長の冊子の最後に署名をしています。

貞享四歳九月廿六日　原三信

六代三信は、貞享四（一六八七）年九月二十六日、レメリンの解剖書の翻訳本を一冊すべて書き写したのです。前年秋にオランダ医の外科免状を受けてから、まる一年がすぎていました。

「阿蘭陀的傳之外醫　原三信」

元弘は、写本の終わりにそう記しました。時代の最先端を行く医師としての自負が現れています。

日本で最初に翻訳された西洋解剖書というと、杉田玄白によるクルムスの解剖書「ターヘル・アナトミア」の翻訳書である『解體新書』と一般にいわれていますが、『小宇宙鑑』は『解體新書』が出版された安永三（一七七四）年より九十三年前の天和二（一六八二）年に本木庄太夫によって翻訳されていました。残念なことに、この訳本は出版されず、訳本の原本も残っていません。原三信が解剖書を筆写したのも『解體新書』より八十七年前のことでした。

原三信元弘と同じころ、長崎で紅毛外科を学んだ一人に伏見の紅毛外科医、伊良子道牛（一六七一～一七三四）もいました。道牛も同じ絵巻を持ち帰っています。

こうして博多に帰った元弘は、阿蘭陀外科の免状、レメリンの解剖書の写本、外科絵巻の写本を一子相伝にして、以後四百年、大事に子孫に残しました。

レメリンの解剖書の写本は、ほかにも日本に三点残っています。名古屋の蓬左文庫所蔵に秩父の片山家所蔵、それに三河地方に一部です。原本のつくりが立体的なので、写本の出来具合もそれぞれ異なります。題名も片山家のものには、『阿蘭陀経楽筋会意脉臓腑図解』と記してありますが、原三信本にはありません。また片山家所蔵の写本解説巻末には、「本書通詞本木庄太夫差上之天和二年四月中旬」と記されていることから、天和二（一六八二）年より以前に、翻訳が完成されていたことが伺えます。これを考えると、鎖国によって西洋文明の流入は制限されてはいましたが、一部の医師の間ではありますが、西洋医学がその子孫や弟子に伝えられていたのです。

蘭学関連略年譜

１５４３年	種子島に鉄砲伝来
１５４９年	イエズス会のザビエル、鹿児島上陸
１５５６年	アルメイダ、豊後府内に病院設立
１６１３年	レメリンの解剖書「小宇宙鑑」（ラテン語版）出版
１６３６年	２年かけて出島造成、ポルトガルとの貿易始まる
１６８２年	「小宇宙鑑」を本木庄太夫が翻訳、長崎奉行に差し出す
１６８７年	六代原三信　翻訳書の写本を終える
１７２０年	徳川吉宗による漢訳洋書の解禁
１７５４年	山脇東洋、解剖書「蔵志」著す
１７７４年	杉田玄白「解体新書」刊行

ヴェサリウスの解剖書

西洋人がもたらした人体解剖書は、医者を含む日本人に大きな衝撃を与えました。

江戸時代の日本は、漢方が主流でした。病には生薬を用い、傷には止血、消毒をして養生を図ります。大きな傷には和紙をはり付けました。伝染病などの流行病には占いや祈祷をしました。病と健康、生と死とを科学的に説明する方法は、西洋が一歩すすんでいました。

解剖書はその一つであり、西洋医学の価値は、まず外科に認められました。それも、殿様や幕府の老中らによる治療の要求から始まりました。財力のある幕閣、大名たちは金を惜しまず、高価な医学書も競うように購入していたようです。

酒井シズ著「日本最初の西洋解剖書の翻訳」によると、たとえば、幕府大目付の井上筑後守政重はオランダ人医師を自邸に招き、ヴェサリウスの解剖書について講義させたことが、一六五九年の商館長日誌に記してあります。井上筑後守は、ヴェサリウスの解剖書を手にいれたのがきっかけで、一六六〇年に自邸でイノシシの解剖をさせたことも商館長日誌に書かれています。

アンドレアス・ヴェサリウス（一五一四〜六四）はベルギー生まれの解剖学者です。著書の解剖書「人体の構造に関する七つの書」は、画家の描いた人体解剖図をつけて一五四三年に出版されました。人間は神の創造物であり、解剖は神への冒瀆という宗教的な制約もあった中世の西洋医学を、近世に転換したときの本といわれています。

日本において、医術（技術）が医学（科学）へと進歩するには、大名をパトロンにしてオランダ医学を学び始めた医師たちが、科学としての医学の基礎づくりに進む必要がありました。解剖学が学問として広がるのは十八世紀後半のことです。

日本で最初の解剖は、宝暦四（一七五四）年、山脇東洋（一七〇五〜六二）が京都の六角獄舎で行いました。京都所司代小浜藩主の酒井讃岐守が刑死者の解剖を初めて許し、その記録として宝暦九（一七五九）年に『蔵志《ぞうし》』を刊行しました。解剖されたのは、三十八歳の男性で斬首され、頭部がありませんでした。

京都の医師鈴木宗云は、安永元（一七七二）年、レメリンの解剖書と本木庄太夫の訳書をもとに『和蘭全軀内外分合図』を出版しています。

杉田玄白（一七三三〜一八一七）や前野良沢（一七二三〜一八〇三）らがオランダ語の解剖書『ターヘル・アナトミア』を翻訳し『解體新書』を刊行するのは安永三（一七七四）年のことです。原典は、ドイツ人ヨハン・アダム・クルムスの『解剖圖譜』。一七二二年にドイツ語の初版が出され、オランダ語には一七三四年に翻訳されています。

豊前中津藩奥平家の侍医だった良沢は、八代将軍徳川吉宗から甘藷（サツマイモ）栽培を命じられた青木昆陽（一六九八～一七六九）に会い、オランダ語の勉強を始めました。藩主の理解を得て長崎に学び、クルムスの解剖書を手に入れます。

一方、若狭国小浜藩の侍医だった玄白も、藩主の援助で同じ解剖書を入手し、明和八（一七七一）年、良沢とともに江戸の小塚原で死刑囚の死体解剖を見学しました。玄白、良沢の二人は、解剖書の正確さを目のあたりにして、翻訳にとりかかったのでした。

さて、六代原三信が、長崎遊学を終えて帰国したのは、福岡藩の藩主交代の時期にあたっていました。元禄元（一六八八）年の暮れ、還暦をすぎた藩主光之が隠居し、三十歳になる綱政（一六五九～一七一一）が第四代藩主となりました。

綱政は二十二年後の正徳元（一七一一）年六月に亡くなりました。

三信も、綱政の後を追うように、この年の八月に亡くなり、極楽寺に葬られました。

戒名は「天真斎本源自性居士」となっています。

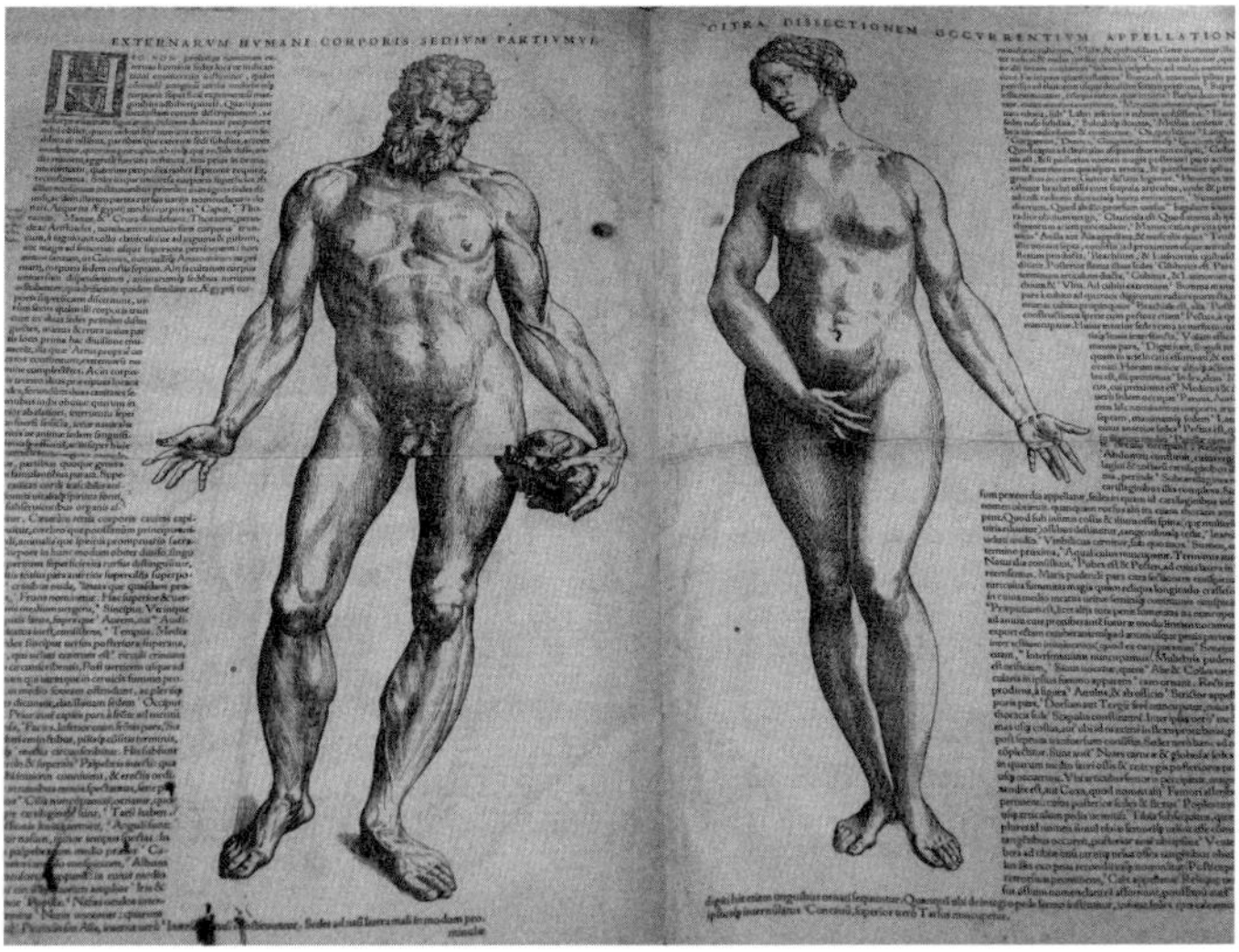

ヴェサリウスの解剖書　男女

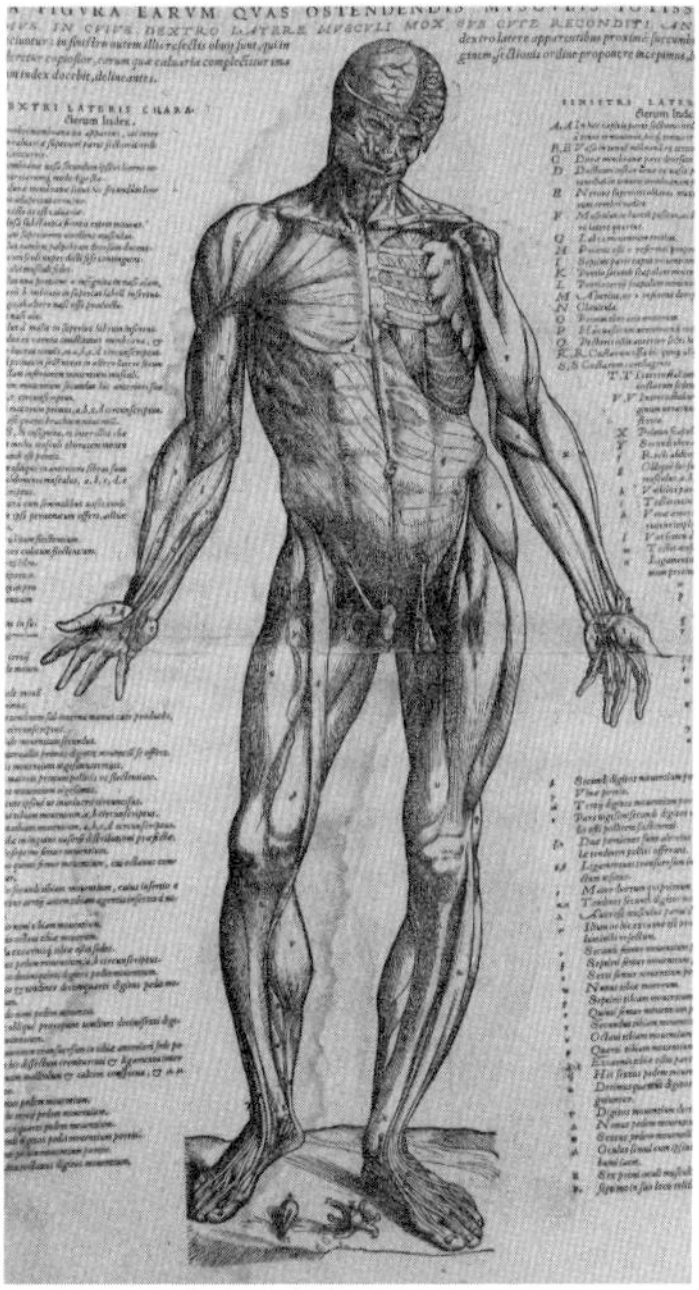

筋

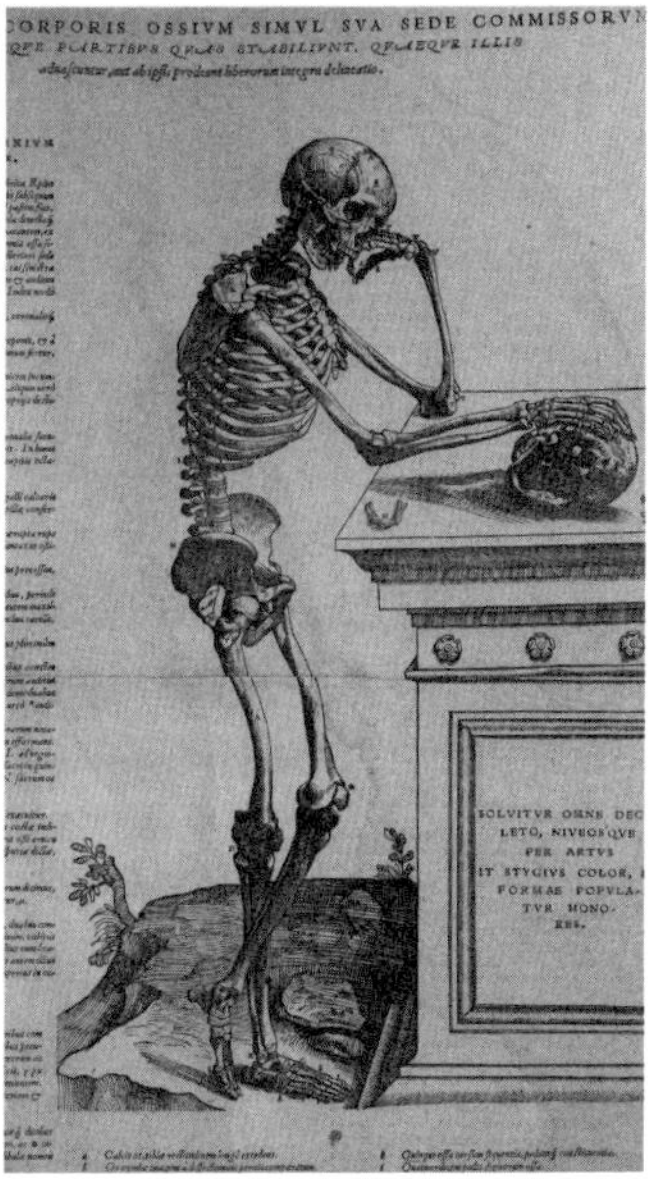

骨

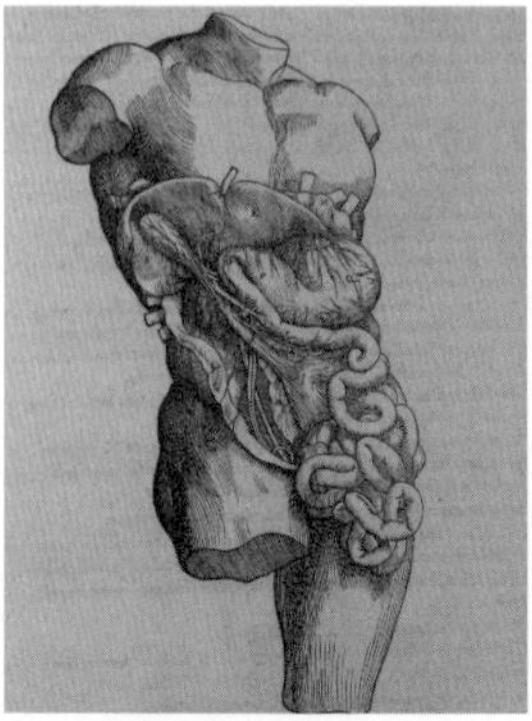
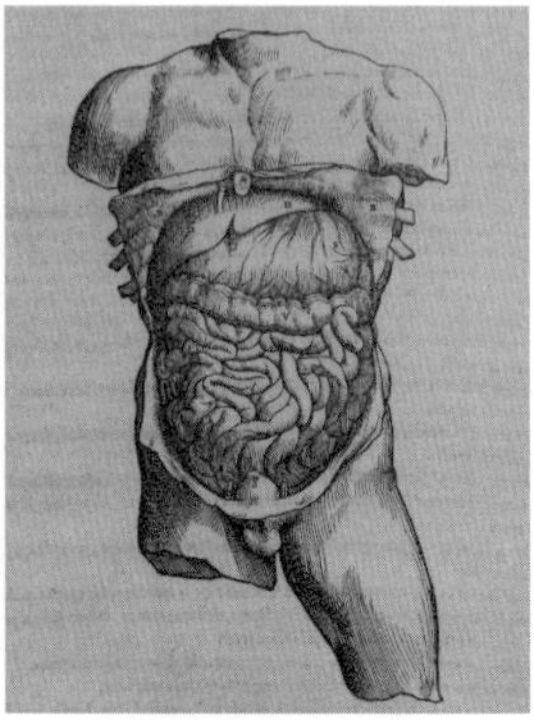
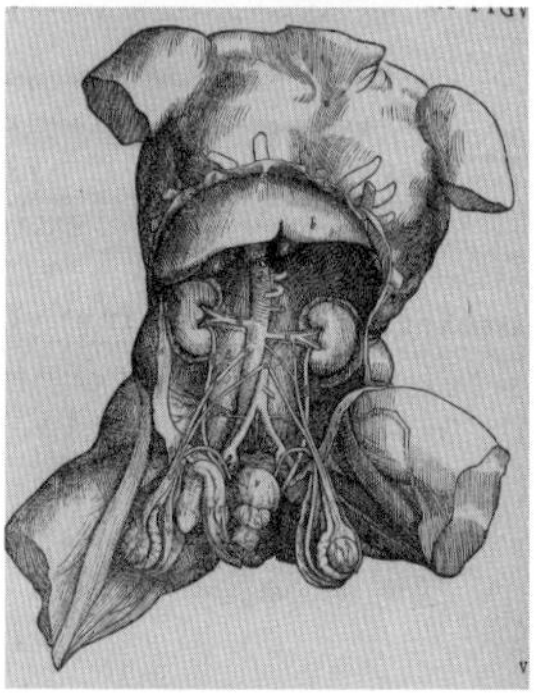
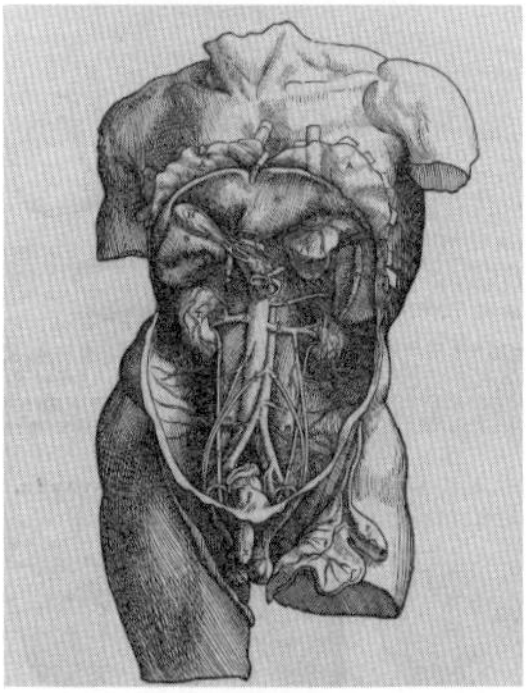

ヴェサリウスの解剖書
男性の内臓器、右下は女性

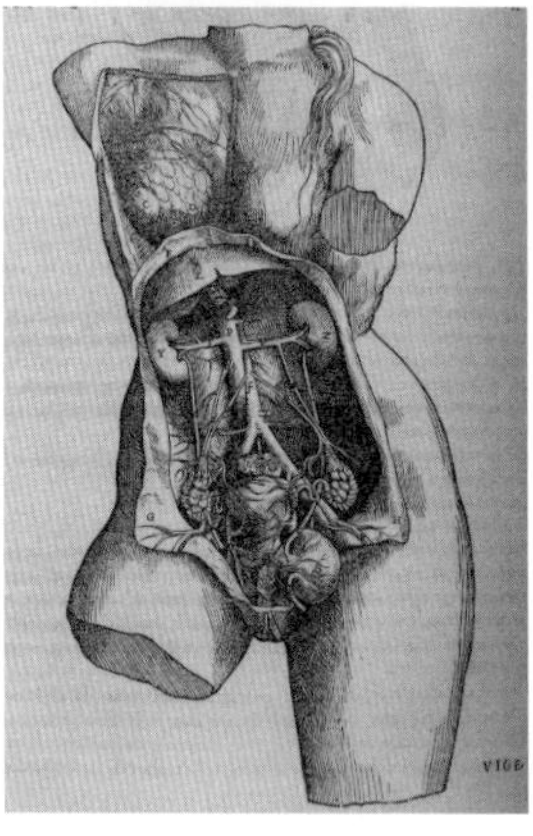

第二章　二十九石六人扶持

島原の乱

福岡は、玄界灘に面した博多湾の港町です。

平安時代には外国人を応接し、貿易をする「鴻臚館」が建てられました。その跡地あたりに十七世紀初め、黒田長政が福岡城を築きました。那珂川を境にして、西の城下町「福岡」と、東の商人町「博多」に分けられ、今に続いています。

戦国時代を経て天下統一を果たした豊臣秀吉は、家臣の石田三成や黒田官兵衛（如水）に荒廃した博多の復興とともに区画整理をさせました。太閤町割《たいこうまちわり》といわれるもので、博多の町を一キロ四方と定め、東西南北に道路をひいたのです。真っ先につくられた南北の道路、いわば太閤道博多1号線が一《いち》（市）小路《しょうじ》とよばれ、上、中、下、浜と海に向かって区割りをし、商人たちの町屋がつくられました。現在の博多駅から博多湾に向かう大博通りです。

筑前黒田藩の藩医、原三信が博多の町に住みついたのはそんな時代でした。

原三信がオランダ外科修業をする少し前の時代から、武士の負傷は刀傷だけでなく鉄砲による銃創が増えていました。

天文十二（一五四三）年、種子島に鉄砲が伝来し国産化に成功したあと、一六世紀後半には、日本の鉄砲生産地が和泉国・堺、紀伊国・根来、近江国・国見などにも広がって、量産されるようになりました。

鉄砲は、九州の覇権をめぐる戦いでも勝敗を左右しました。

佐賀の武将、龍造寺隆信は、豊後の大友氏や薩摩の島津氏と争い、九州三強の一つといわれました。劉寒吉著「龍造寺党戦記」は、隆信の義弟、鍋島直茂が平戸を拠点に私貿易をしていた中国人、王直のもとへ鉄砲を買いつけに行った話を書いています。

隆信は、天正十二（一五八四）年三月、島津についた有馬晴信をうつため、島原に出陣しました。この沖田畷《なわて》の戦いで、島津の軍勢には種子島氏が鉄砲組数十人を派遣しています。双方とも鉄砲を駆使した戦いとなりましたが、二万とも三万ともいわれた龍造寺軍は、およそ一万の有馬、島津連合軍に破れ、隆信は首を打たれました。

この五十三年後、島原の乱では、さらに激しい戦いがありました。

寛永十四（一六三七）年十二月、島原藩の島原半島と、唐津藩の飛び地・天草諸島の領民による反乱でした。

島原領主は、キリシタン大名有馬氏が日向国延岡藩に転封となったあとの松倉勝家。天草領主は、関ヶ原の戦いで敗死したキリシタン大名小西行長のあとに領地を得た唐津藩主寺沢堅高でした。キリシタンの多かった領民と旧有馬、小西両家の浪人らが、キリシタンの少年、天草四郎時貞を総大将に一揆軍を起こしました。

一揆の原因は、苛烈な年貢のとりたてと、キリシタン迫害に対する反抗でした。

一揆軍は、島原半島南部の原城に女子供とともに三万人以上がたてこもり、抵抗しました。原城を囲んだ幕府軍は、福岡藩のほか、久留米、柳川、佐賀、熊本、延岡、小倉、中津、高田、鹿児島など諸藩からの計十二万人におよびました。

翌年三月までの戦いで、筑前黒田藩と秋月、東蓮寺の両支藩の戦死者および負傷者数は、黒田家譜に次のように記されています。

筑前藩	戦死	二百五十七人	手負い	千七百六十八人
秋月藩	戦死	三十四人	手負い	三百五十五人
東蓮寺藩	戦死	三十七人	手負い	百七十四人

計　戦死　三百二十八人　手負い　二千二百九十七人

「手負い」の武士は、帰郷した後も、しばらくは傷の治療が必要でした。原三信ら藩医たちは、二千三百人の藩士の治療を担うことになりました。

島原の乱当時、原三信家の当主は、第四代のころと推定されます。長崎に遊学した六代原三信元弘が生まれるのは、二十年近く先のことです（明暦元〈一六五五〉年生まれと推定＝第1章「六代三信と貝原益軒」参照）。亡くなったのは正徳元（一七一一）年のことで、推定五十七歳です。

ちなみに、六代と同年に没した四代藩主綱政は万治元（一六五九）年生まれの五十三歳。正徳三（一七一三）年に没した貝原益軒は、寛永七（一六三〇）年生まれの享年八十五歳の長寿でした。

原三信の父・五代原三信は寛永年間（一六二四〜四三）ころ、祖父・四代は慶長年間（一五九六〜一六一四）ころの生まれとおもわれます。島原の乱のころ、四代は三十歳前後だったとみられます。六代は、祖父や父から、島原の戦いや、負傷した武士たちの銃創や槍、刀傷の治療について聞いていたはずです。

さらに先祖をさかのぼれば、初代原三信が生まれたのは、種子島への鉄砲伝来（一五四三年）や、ヴェサリウスの解剖書出版（同）の前後だろうと思われます。

初代三信は、戦国時代の戦乱を経て、南蛮貿易が盛んになる時代に少年期をすごし、成長して藩医となったのでしょう。

島原の乱のあと、日本は二百年以上、太平の世が続きます。

原三信は、世代交代を繰り返し、つつがなく医業を継いでいきました。

六代三信が長崎から持ち帰ったオランダ外科免状と、解剖書、外科術絵巻の三つの家宝は、代々一子相伝、門外不出で子孫に受け継がれていきました。

七代三信は、享保十二（一七二七）年に亡くなりました。これより先、享保五（一七二〇）年、八代将軍徳川吉宗は、いわゆる享保の改革で、キリスト教に関係のない漢訳洋書の輸入を解禁しています。

キリスト教禁制はなお続きますが、キリスト教の部分がなければ出版は可能であり、京都の鈴木宗云が、本木庄太夫によるレメリン解剖書の訳書をもとに『和蘭全軀内外分合図』を出版するのは安永元（一七七二）年。次いで、杉田玄白らがクルムスの書の翻訳本『解體新書』を出版するのは安永三（一七七四）年のことです。

これは、七代三信が家宝を伝えた半世紀後のことです。六代三信は、オランダ医のメスなど外科道具も長崎から持ち帰っていましたが、第二次大戦で焼失しました。

ところで、現代の日本では、医師になるには、国が認可した医科大学に合格し、六年間かけて学ばなければなりません。そのうえで医師国家試験に合格して初めて医師免許が得られます。そんな医師免許制度は、江戸時代にはまだできていません。

医師になりたければ医術をもつ師匠に入門し、知識・技術を習得すれば、誰でも医師になることができました。また、中国医学の古典を読んで薬の処方を勉強しました。師匠に学んだあとは、職人や芸能者と同じように、京や大阪、江戸、長崎へ遊学してキャリアを積み、自立、開業しました。

徒弟制度から教育機関へと変わるのは寛政三（一七九一）年、江戸幕府による初の官立医学専門学校「医学館」が生まれてからのことです。

分限帳

福岡藩の藩医、原三信の公式記録として「延享年中分限帳」をみると、医師グループの氏名を「いろは」順で記した部分に、

「六人廿七　御城代組　外　原三信」

と書かれています。

俸禄が「六人扶持二十七石」、担当は「外科」とわかります。

これ以降の分限帳の記載をたどると、

文化分限帳　外科　弐拾九石六人　博多西町　原三信
天保分限帳　外療科　弐拾石六人扶持　原三信
安政分限帳　外療　六人弐拾石　呉服町　原三信

と時代を追うことができます。（『福岡藩分限帳集成』）

それぞれ、原三信の何代目にあたるかは、次のようになりそうです。

延享年間（一七四四〜四七年）　八代
文化年間（一八〇四〜一八年）　十代
天保年間（一八三〇〜四四年）　十一代
安政年間（一八五四〜六〇年）　十二代

十九世紀半ばになると、ヨーロッパ各国によるアジアへの侵略が強まります。長崎を通商の窓口として、鎖国を続けていた徳川幕府による太平の世も残り短くなっていきます。

十二代の「医師会名簿」

ここに和紙四枚をとじた帳面があります。藩医、原三信ら近隣の「医師会名簿」です。

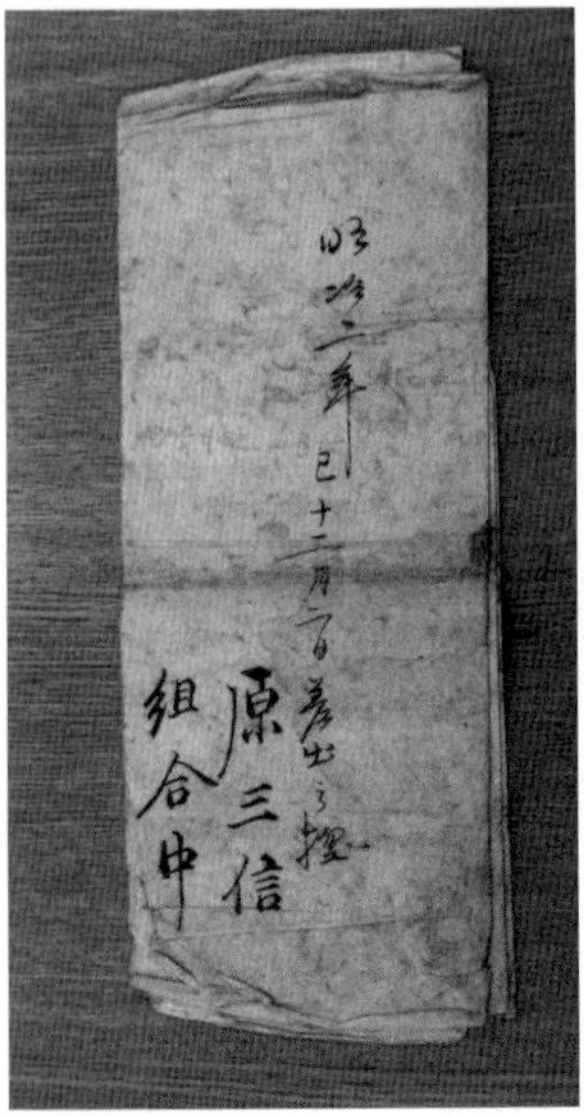

「原三信組合中」（福岡市博物館所蔵「原三信資料」）

表に「明治二年巳十二月二日　差出之控　原三信組合中」と書いてあります。

明治二（一八六八）年といえば、今から約百五十年前、二百七十年間続いた徳川幕府統治の江戸時代が終わって

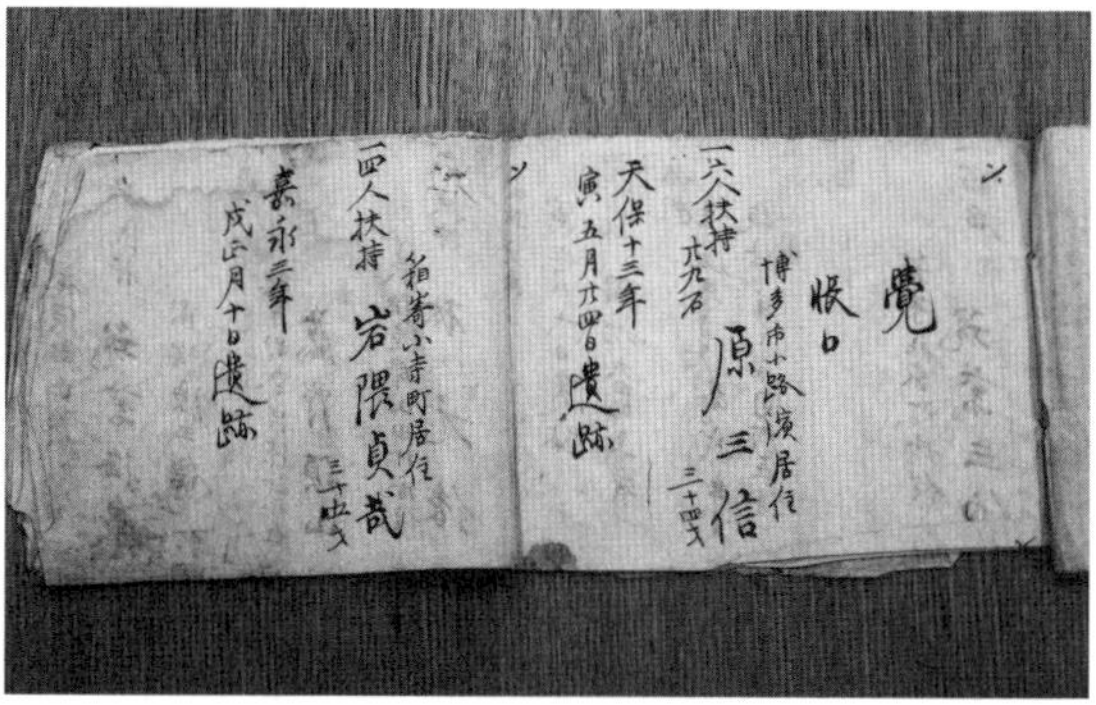

天保十三年に「遺跡」（「原三信組合中」より）

間もないころです。

表紙を一枚めくると、最初に「原三信」の名が記されています。

六人扶持《ふち》二十九石《こく》　博多市小路《いちしょうじ》濱《はま》居住
原三信　三十四才　天保十三年寅五月廿四日遺跡

原三信は天保七（一八三六）年生まれ。父親の十一代三信が天保十三（一八四二）年に亡くなり、十二代を襲名したときは、まだ七歳でした。

幼くして先祖累代の藩医の職を受け継いだ十二代三信は、九州の雄藩たる福岡藩が勤王、佐幕に激しく揺れ動いた幕末時代に若い日々をすごしました。

明治維新の世を迎えて、三十四歳の働き盛りとなっています。

この帳面から、医師仲間のリーダーを務める原三信の姿がしのばれます。和紙の上を流れるような文字は、三十代を中心とした精鋭医師十数人の名を連ねています。

医師たちは、それぞれ「遺跡」「家督」として、医業を継いだ時期が記され、天保（一八三〇〜）、嘉永（一八四八〜）、安政（一八五四〜）、文久（一八六一〜）、慶応（一八六五〜）と続く年号が、幕末から維新への歩みをすこしずつ刻んでいます。

以下、俸禄と住所、氏名、年齢を抜き出します。（年齢など空白があります）

四人扶持　箱嵜小寺町居住　岩隈貞哉　三十五才
五人扶持　夜須郡甘木村居住　筑紫梅泉　三十二才
　　　　　鞍手郡奈良津村居住　藤野碩山
六人扶持　表粕屋郡山田村居住　林　元像
百石　箱嵜社家町居住　筑紫三伯　三十九才
百石　博多濱口町上居住　伊勢田道均　三十九才
六人扶持　博多古門戸町居住　大島生齊　三十五才
四人扶持拾石　福岡須崎殿畀　渡邉良治　二十五才
二人扶持　鞍手郡上境村居住　占部三折
二人扶持五石　博多行畀居住　高田廣治　二十八才
三人扶持　志摩郡前原村居住　前田　莫

御目見醫師

山内有哉
百武萬里
安河内道哲

俸禄のうち、「百石」は年貢を直接集める知行《ちぎょう》取、原三信らの「〇人扶持〇石」は、藩の蔵米が支給される蔵米取です。

福岡藩では、藩主から知行地（給地）が与えられた「知行取」の上級家臣と、「蔵米取」の中級・下級家臣があり、知行取と蔵米取では、俸禄の支給体系が異なっています。

知行取は、農民から「四公六民」で取り立て、藩への上納米などが差し引かれます。

一方、蔵米取は、年三回支給の切米（きりまい）と、一日五合分を毎月支給する扶持米《ふちまい》があります。

『黒田三藩分限帳』（安川巌「解題」）によると、知行高の百石は、実際に手元に残るのが、米・大豆合わせて三十石余だったといいます。

これに対し、蔵米取の一人扶持は年間に一石七斗七升。切米の一石は九斗五升。それぞれ、俵代、浜駄賃（運賃）など源泉徴収税が差し引かれ、税率も俸禄によって異なるので単純な足し算はできないけれど、原三信の「六人扶持二十九石」は、年間にすれば、米三十八石ほどあったとみていいようです。おおざっぱに計算すれば、知行取の百二十石くらいにあたります。

つまり、原三信は、この名簿の中では、実質的に最も高禄でした。

「六人扶持二十九石」を年間所得と考えて、米の俵数に換算してみます。

一石は筑前の俵こしらえ（一俵三斗三升）だと、三十俵と一升。米計三十八石として計算すると、ざっと百十六俵になります。米一合を百五十グラム（一斗十五キロ）とすれば、一俵は約五十キロです。

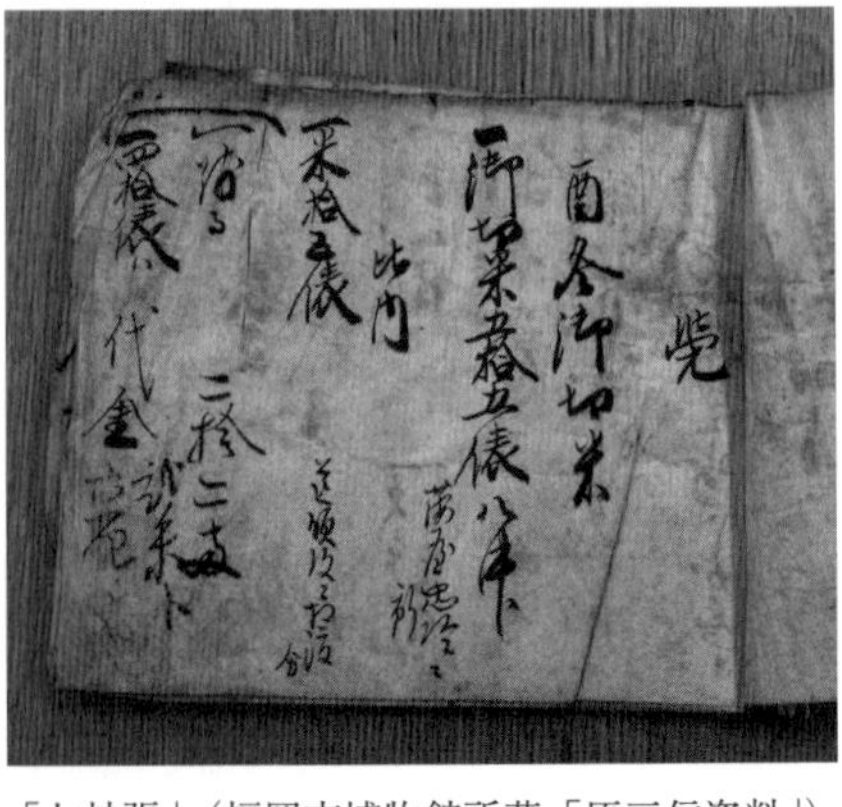
「七神張」（福岡市博物館所蔵「原三信資料」）

現代の白米の値段を五キロ二千五百円とすると、一俵二万五千円ですから、原三信の年間所得は百十六俵分をかけ算して二百九十万円となります。江戸時代と現代の貨幣価値を単純比較するのはむずかしいですが、この計算でいけば、知行取一千石は七百五十万円、一万石は七千五百万円となります。

原家には「七神張」という帳面も伝わり、嘉永二（一八四九）年の切米が記録されています。「酉冬御切米」として「五拾五俵八升」が支給され、このうち十五俵を家族らの食用にし、残る七割強の「四十俵」を換金しているようです。代金は二十二両余り。これを医療用の薬品や器具などの業務経費や、日常生活の費用にあてたのでしょう。

筑前初の解剖

ところで、十二代三信らの医師会名簿「原三信組合中」の最後に名前のある三人は、藩主に直接拝謁が許される「御目見」医師と記されています。

その一人、宗像郡の百武万里（一七九四〜一八五四）は文政十（一八二七）年、鞍手郡の武谷元立、有吉周平、糸島郡の原田種彦らと長崎の鳴滝塾でシーボルトに西洋医学を学びました。

博多で開業した百武は天保十二（一八四一）年、西洋医学よる死体解剖では筑前国初となる解剖をしました。読経をする僧職を含め十数人が参加し、百武が執刀。坂巻文栄らが助刀、武谷が解剖書との照合を担当し、その子祐之が書記、原田養立が図を描きました。

この解剖は、十一代藩主黒田長溥《ながひろ》（一八一一〜八七）が百武らの申し出に協力して実現したといわれます。というのは、人体を切り開くことには、当時の日本社会には大きな抵抗がありました。初めは参加を承知していたものの、たたりを恐れてやめた者もあったといいます。漢方医が「本道」（内科）といわれて医療の主流だった時代のことです。藩内には解剖への強い反発もありました。長溥は、西洋文化と技術を積極的に採り入れた進歩的な考えの藩主でした。シーボルトに解剖学の講義を受けた経験もあったほどで、解剖に理解を示し、配下の西洋医や漢方医にも差配して、妨害がないように計らったといわれます。

解剖は大いに世間の耳目を集めましたが、十一代三信は参加していなかったようで、翌天保十三年に亡くなっています。十二代三信は、まだ幼少でした。

十二代は、やがて勤王党の周辺で動きます。さらに維新をくぐって、明治新政府に反抗する士族が起こした佐賀の乱では、福岡県に職を奉ずる医師として従軍します。西南戦争、福岡の乱を経て、自由民権運動のにぎやかな時代には医業に励みました。

立願文

愛宕山《あたごやま》（標高六二一メートル、福岡市西区）は室見川の河口左岸にあります。貝原益軒著『筑前国続風土記』によると、寛永十（一六三三）年、福岡藩の第二代藩主、黒田忠之（一六〇二〜五四）が山城国（現京都府）から愛宕権現をつれてきてまつりました。これは、「黒田騒動」のなごりです。

このお家騒動は、藩主忠之が重臣の家老栗山大膳《くりやまだいぜん》（一五九一〜一六五二）とうまくゆかず、寛永九年六月、大膳が忠之に謀反の企てがあると幕府に訴えたことにはじまります。翌寛永十年三月、幕府の審判は、忠之の不行状を咎め、いったん領地を没収したうえで、関ヶ原での長政の功績を尊重して再び領地を安堵する寛大な処分でした。

忠之にとっては、謀反など全く身におぼえのないことでしたが、前年に肥後の加藤家が改易されていたことがあり、黒田家とりつぶしの危機感をもって、神仏の加護にすがろうと一心に祈りました。京都に総本社のある愛宕神社がその一つでした。

忠之に謀反の意思があるというのは偽りとわかりましたが、なぜそんな訴えをしたのかと幕府は大膳に問いました。

大膳の返答を、森鴎外は小説「栗山大膳」で次のように書いています。

「右衛門佐（忠之）に逆意があると申し立てたのは、右衛門佐の自分に対する私の成敗を留めるためであった。若しあの儘に領国で成敗されたら、自分の犬死には惜しむに足らぬが、右衛門佐は御取調を受けずに領国を召し上げられたであらう。此取計は憚ながら武略の一端かと存ずる」

つまり、忠之の行いを改めてもらうために幕府の力を借りたという大膳の答えに、幕府の重臣は感動しました。大膳は、流罪として南部盛岡藩に預けの身となったものの、百五十人扶持が与えられ、五里四方は行動の自由が許されました。経済的にも社会的にもほとんど差しさわりなく終世を送りました。

また、大膳については、こんな話もあります。

播磨国赤穂藩の大石内蔵助が吉良邸討ち入りを果たしたあと、細川家に預けられたとき、忠義をほめられた内蔵助は「栗山に対して恥ずかしい。彼は主家を安泰にし、領民を安んじ、自身をもまっとうしている。自分は主家は滅亡、領土を失い、自身をも亡ぼした」と答えたそうです。

愛宕神社への往き帰りには男坂、女道と二つの道筋があります。男坂は階段が急で健脚向け、女道は勾配がなだらかな優しい道です。山上から北に玄界灘を望みます。今、ショッピングセンターや住宅街が広がるあたりに、かつて炭鉱があったことを知る人は少なくなりました。ボタ山を崩して海を埋め立てる前、姪浜炭鉱が最盛期だった明治のころ、ふもとの室見川の近くには、原三信病院の分院がありました。

その炭鉱の煙突もボタ山もまだ姿をあらわしていなかった安政三（一八五六）年二月、若い

原病院愛宕分院と十三代原三信（左）

男女が坂を登って愛宕宮に詣でました。夫婦になってまだ月日の浅い十二代原三信と妻アサの二人でした。

三信は天保七（一八三六）年生まれ。六歳のときに父を亡くし、襲名はしましたが、まだ幼かったため、医業の実務は縁者に託していました。成長して実権を受け継ぎつつ、二十歳となる安政二年には、母も亡くなりました。代々藩医として続いた家を支える責任をひしひしと感じていました。

決意を胸に神社に願を立てたのは、三信二十歳、アサは二つ下の十八歳の春でした。

このときの立願文が残されています。

立願文

愛宕宮　広前

当辰三月より来る申歳十二月迄毎月廿四日、

立願文（福岡市博物館所蔵「原三信資料」）

一日糀物相慎むべく申す事なり、
且つ毎月月参
右相背くにおいては神罰を蒙るべき者なり、
　身分相慎の為仍て願文件の如し
　　　　戌歳女
　　　　申歳男
　安政三年
　　辰二月

辰年の今年三月から、四年後の申年十二月まで、毎月二十四日に糀物を慎むこと、かつ毎月お参りをすること、というものです。

「糀物」は酒のことです。ひと月に一日、飲酒をひかえ、お参りをして誓いを新たにしました。期間も四年十カ月と長いものでした。

和紙の折り目や周囲が切れたり破けたりした左下に、
「戌年女（天保9）アサ、申年男（天保7）十二代」

とボールペンで朱色の注を書いた付箋は、後年、平成になって古文書その他を福岡市博物館に寄贈する前、整理したときにつけられたものです。

夫婦はそれから間もなく、男の子をさずかりました。しかし、安政五年六月、幼くして亡くしました。戒名は「知浄童子」と記されています。

十二代三信の跡取り息子（崎次郎）が誕生するのは、その五年後の文久三年のことでした。三信を襲名させるときに自分は蘇仙と改名しています。

住まいは博多の大浜でした。以前は西町にありましたが、三信が医師として独立したころ、土地家屋を処分し、海岸に近い市小路浜（現・博多区大博町）に移りました。

博多の海岸一帯は、長い間「〇町浜」とよばれました。

石堂川に面した東の竪町浜から西へ順番に、金屋町浜、浜口町浜、鏡町浜、市小路浜、萱堂浜、西町浜、芥屋町浜、西方寺浜と続き、これを総称して大浜といいました。

新しい家で心機一転していたこのころ、世の中はどんどん騒がしくなってきます。

幕末の福岡藩の藩論は、勤王か佐幕かで大きくゆれました。激動の波は、三信の身辺にも押し寄せます。

嘉永六（一八五三）年六月、アメリカ東インド艦隊のペリー提督が黒船を率いて浦賀沖に入り、開国通商を求めました。翌七月にはロシアのプチャーチンがやはり開国通商を求めて長崎に来航します。

翌安政元（一八五四）年、幕府が日米和親条約を結んだ後、日米修好通商条約の締結に向けての交渉が続く中で、国内には攘夷論がまきおこります。朝廷は条約締結に反対し、日本国中で論議が沸騰しました。天皇の勅許がないまま通商条約締結を決めた幕府の大老・井伊直弼に批判が集まっていました。

筑前勤王党

安政四（一八五七）年正月、十二代原三信は、新妻のアサに声をかけて家を出ました。市小路浜の家から浜に平行する通りを東へ歩けば、竪町通りへと右折して南へすすみ、唐津街道の筋を横切ると、ほどなく左手に入定寺があります。

石堂川の左岸は寺院が延々と連なり、東方に対して博多の町を包む形になっています。筑前領主、黒田長政の国造りでこうなりました。

河口に近い石堂橋のたもとから川下に向けては海元寺、正定寺、川上へは一行寺、本長寺、妙典寺、法性寺、本岳寺、入定寺から西門橋の通りを越えて西教寺、聖福寺、妙楽寺、承天寺、禅光寺に至ります。

石堂橋は藩主が参勤交代で渡るメーンストリートに架かり、旅人が町に入ると、豪商神谷宗湛の屋敷前を通ります。入定寺はそれより川上にある西門橋の近くです。

この日、薩摩藩士の北條右門（木村仲之丞の変名）が入定寺の一室を借りて梅田雲浜を招き、小宴をもちました。その席に平野国臣のほか、医師の原田梅洞、目明《めあかし》高橋平右衛門、織物商の帯屋治平という人たちがいました。

梅田雲浜（一八一五～五九、源次郎）は小浜藩士の儒学者です。勤王の志士たちのリーダーで、のちに大老井伊直弼による安政の大獄では真っ先に捕まり、獄死します。

集まった顔ぶれは、雲浜が最年長の四十三歳、ついで北條三十六歳、治平三十五歳。国臣は、当時二十二歳の三信より八歳年長の三十歳でした（年齢はいずれも数え年）。

三信は、勤王の志士として活躍した国臣と交流がありました。三信の息子の八朔祝いに訪れたり、寝泊まりしたこともあったそうです。

国臣は文政十一（一八二八）年、福岡藩士、平野吉郎右衛門の次男として生まれました。福岡藩普請方をつとめ、江戸藩邸、長崎勤めをへて二十八歳で藩の役所をやめて浪人となりました。薩摩の西郷隆盛、大久保利通らに倒幕論を唱え、尊王倒幕運動をする中で幕府方に捕らえられ、三十七歳のときに獄中で処刑されています。

北條右門は、島津斉彬擁立のお家騒動にかかわり、筑前にのがれて藩主、黒田長溥にかくまわれていました。北條は、斉彬擁立の同志である家老山田一郎左衛門が京都屋敷留守居役だったときに、梅田の父百助が山田の家に仕えていた縁で梅田を知りました。

原三信の世話で大浜に住んでいた北條は、入定寺の一室で開いた小宴で、梅田に集まった顔ぶれを紹介し、時の情勢を語り合う場ともなりました。

翌安政五（一八五八）年六月、幕府はアメリカとの通商条約を天皇の勅許のないまま締結し、発表します。翌七月には第十三代将軍徳川家定死去、薩摩藩主島津斉彬死去という事態にいたります。孝明天皇は八月、条約調印に抗議し、諸藩の衆議を尽くすべしとの勅諚を幕府に下しました。その直前に、水戸藩にも勅諚を内密に伝え、諸藩にも勅諚を回すように命じました。これに対し、幕府は回達を禁じる一方、大老・井伊直弼は九月、批判勢力の一掃をはかる「安政の大獄」を断行します。

幕府の追っ手を逃れて博多にたどりついた僧月照が、北條の家にたどり着いたのは十月三日の明け方でした。三信は朝早く起きて湯に行こうと、手ぬぐいをぶら下げて北條の家の前を通りかかると、入り口の路地の左側に見慣れない両掛《りょうがけ》（棒の両端に箱をかけた行李《こうり》）が置いてありました。家の中をのぞくと入り口の右側に下男風の若者が、泥でよごれたままの足をなげだしてグーグーといびきをかいて寝込んでいました。

「おはようございます」

三信が奥に声をかけると、北條が眠そうな声で答えました。

「京から、けさ帰り着きもした」

北條は、西郷と相談し、月照を鹿児島まで連れて行って保護しようと博多についたところでした。国臣がこの先の護送を引き受けます。

月照は、天保六（一八三五）年、二十六歳の夏、叔父の蔵海を継いで京都清水寺成就院の住職となりました。皇室関係の法会読経に携わります。青蓮院尊融法親王（後の久邇宮朝彦親王）や近衛左大臣忠凞に接し、天皇に拝する機会も得ます。世に尊王攘夷論が高まるころ、朝廷での法事をつとめつつ、梅田、頼三樹八郎らの志士、水戸の鵜飼吉左衛門、薩摩の西郷とも交流がうまれました。

こうして月照は、孝明天皇に近かった青蓮院宮、近衛忠凞、三條實美らの信任を得て、朝廷と諸侯、勤王の志士のなかだちの活動をします。

京都所司代が梅田を捕え、「安政の大獄」が始まると、当然のように月照も追われました。心配した近衛忠凞が、西郷に月照の保護を依頼しました。

国臣は月照を薩摩に送り届けますが、斉彬亡き後の薩摩は、月照をかくまう状況にはありま

原三信
今般種痘
受持医被廢
候付追而種
痘免許醫
開業追痘
苗不絶様於
自宅施療
可致候依之
為手数料一
ヶ年分米三
苞相與候
事
福岡縣

種痘に関する福岡県からの書付（福岡市博物館所蔵「原三信資料」）

せんでした。悲観した月照は、日向に向けて錦江湾をゆく船から、入水自殺します。西郷も月照とともに海中に身を投げましたが、かろうじて一命をとりとめました。

三信は勤王党への弾圧が広がるなか、あるいは獄中に入ったかもしれません。幕末の激動が一家に苦難の道を歩ませたこともありえます。

明治元年を迎えたとき、三信は三十二歳でした。

明治四（一八七一）年暮れ、福岡県は原三信に種痘に関する業務を命じました。その書付が発行されています。

種痘苗を絶やさず、自宅で施療する手数料一年分として米三俵を与えるとあります。

こうして原三信は、明治維新の変革期に、代々受け継いだ医業に邁進していきます。

第三章　私立原病院

外科医開業

明治元（一八六八）年、十二代原三信は三十二歳になりました。

二十年あまり後に十三代となる跡継ぎの崎次郎は、まだ六歳でした。明治五年の新学制により、福岡・博多にも翌六年に小学校が開設されます。大浜に瀛浜《おき》小学校ができ、崎次郎もわんぱくざかりの上級生として通学したことでしょう。

ところで、明治維新という時代変革は、武士たちの暮らしに大きな試練を与えました。

廃藩置県によって藩がなくなったことは、武士を雇っていた藩が倒産したようなもので、新政府は失業者たちの給料明細をよりどころに、自立資金として融資をする策をとりました。これが金禄公債《きんろくこうさい》であり、いわば維新記念の退職金です。

明治九（一八七六）年、政府は、領主、公卿、武士に金禄公債を交付するとの太政官布告を出し、翌十年に発行しました。当時、家禄を受けていたのは華族五百人、士族三十二万人。交付総額は一億七千万円あまり。金禄公債を元手に炭鉱開発にいどむなど、あらたに商売を始めて成功した人もいることはいましたが、ごく少数でした。たいていはうまくいかず、「武士の商法」というのは、失敗の代名詞となりました。

十二代三信・蘇仙（中央）

それでは、医者は、どうだったか。

十二代三信は藩医としては失職しましたが、先祖代々医師という職能を身につけてきました。新しい時代に踏み出すべき方向はおおかた定まっていたから、その一本道を歩むために奮闘していきます。

江戸時代までは漢方が主流であった医学・医療について、明治政府はドイツ医学の採用を決めています。

明治七年、医療や医学教育を規制する制度がつくられ、医師免許制度のはじめとなる医師開業試験も盛り込まれました。医師の資格制度ができ、それまでに開業していた医師には、申請によって仮免状が与えられました。

明治十年代前半には、医学専門学校を卒業しただけでは医師の資格を得ることができませんでした。医術開業試験に合格しなければならなかったのです。

ただし、東京帝國大学医学部の卒業生は無試験で医師免許が得られました。明治十五年には、一定条件を備えた医学校の卒業生も無試験で免状が得られるようになりました。

すでに医師を職業としていた十二代原三信は、医業開業試験制度の始まった明治十二（一八七九）年、県に外科医術開業の許可を受けています。

同年六月十二日、三信は博多で外科医を開業しました。この年、三信は四十三歳。崎次郎は十六歳となり、父の助手くらいはつとめていたことでしょう。

外科醫術開業免状

福岡縣士族
原　三信
天保七年十一月生

明治十二年六月福岡縣ニ於テ下付シタル外科醫術
開業許可ノ證ヲ諦認シ此免状ヲ授與ス
明治十七年四月二十八日

内務卿正四位勲一等山縣有朋

此免状ヲ勘査シ第二七八一五號ヲ以テ醫籍ニ登録ス
衛生局長
内務省三等出仕正五位勲四等長與專齋

十二代原三信が受けた外科医術開業免状（福岡市博物館所蔵「原三信資料」）

明治十七年に三信が受けた外科医術開業免状には、

「明治十二年六月福岡県二於テ下付シタル外科医術開業許可ノ證ヲ諦認シ此免状ヲ授與ス」

と書いてあります。福岡県が与えていた外科医術開業の免許を、明治十七年に内務省の医籍に登録したことを証明したものです。

免状にはさらに、

「此免状ヲ勘査シ第二七八一五号ヲ以テ醫籍二登録ス」

とあり、明治十七年ころの日本の医師の数がおおよそわかります。

このころ、それまでは博多西町にあった家と土地を売り払い、より海に近い大浜に医業の拠点を移しています。大浜は当時、町の中心部から北側にはずれていましたから、より広い土地を手に入れることができました。大浜は、朝夕には砂浜に波が打ち寄せ潮騒が聞こえます。潮の香りがして、漁師たちの住む家並も近かったのです。

佐賀の乱そして西南戦争

明治六（一八七三）年、征韓論を唱えた参議西郷隆盛らが、内治優先派の大久保利通、伊藤博文らの反対で挫折して帰国したあと、各地で士族の反乱が起きました。

「今般、政府へ尋問の筋これあり」

と西郷隆盛が通告を発し、私学校の兵を率いて鹿児島を発ったのは、明治十年二月十四日のことです。これに旧福岡藩士族も呼応して決起するのですが、その三年前の明治七年二月、まず佐賀で江藤新平らが挙兵しています。

　このとき、三十八歳の十二代三信は、政府軍の医師として従軍しました。

　その働きに対して、福岡県から「賞金十三円七十五銭」を受けました。県が発行した書面（明治九年六月付）があります。

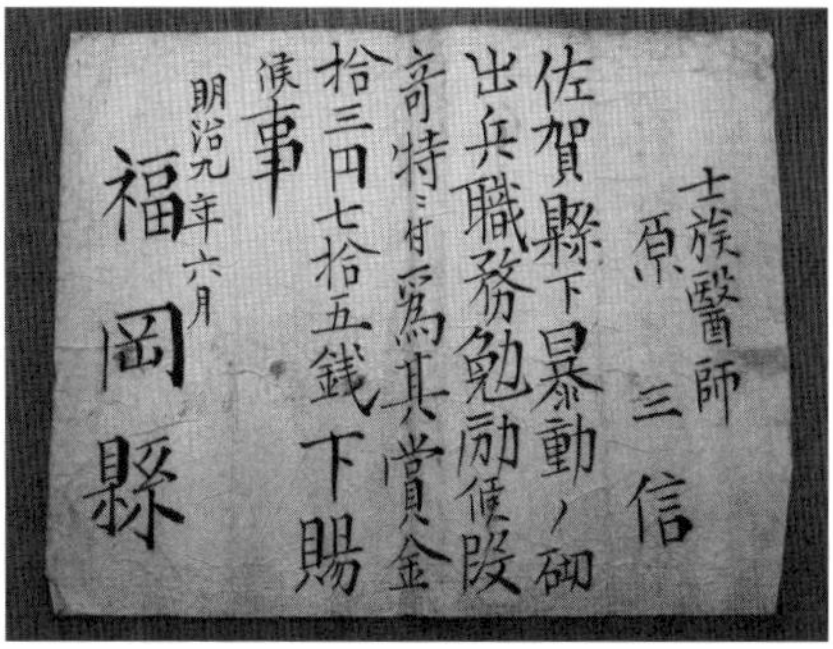
士族醫師　原三信
佐賀縣下暴動ノ砌
出兵職務勉励候段
奇特ニ付為其賞金
拾三円七拾五銭下賜
候事
明治九年六月
福岡縣

佐賀の乱「出兵職務勉励」賞金の書面（福岡市博物館所蔵「原三信資料」）

　佐賀の乱鎮圧のため、政府軍は福岡士族による鎮撫隊を編成しました。募兵に応じた福岡士族たちは、佐賀で寝返る計画を隠していましたが、政府側に口径の合わない銃と弾薬を渡されたため、計画通りにいかなかったとされます。

　結局、佐賀士族が敗れたあと、明治九年十月、熊本で太田黒伴雄らが神風連の乱を起こし、秋月、萩でも連携して決起しますが、いずれも鎮圧されました。

　三月二十八日未明、福岡士族は、東上する西郷軍の福岡通過の前に、手薄になっていた福岡城内を攻撃しました。「福岡の変」です。前年の検挙を免れていた武部小四郎、越智彦四郎らによる決起でした。

　このころ西郷軍はすでに田原坂の激戦に敗れており、計画直前に巡査隊に捕らえられた者も多く、福岡士族もついに敗れ去ります。戦死者五十四人、自刃六人、獄中死三十八人、懲役刑四百十七人、除族（士族の称を除く）二十四人。武部、越智、久光忍太郎、村上彦十、加藤堅武は五月、死刑になりました。

　九月二十五日、渡辺県令への電報が届きました。


「グンダンホンエイヨリ、サノトウリホウチアリ、サクジツクワングンシロヤマヲセメ、ハチヂタタカイヲサム、サイゴウ、キリノ、ムラタ、ヘンミ、ベツプ、イケノウエイカ、キョカイノモノコトゴトクシシ、トウチマツタクヘイテイス」

（軍団本営より、左の通り報知あり。昨日官軍城山を攻め、八時戦い収む。西郷、桐野、村田、辺見、別府、池之上以下、巨魁の者ことごとく死し、当地全く平定す）

十三代襲名

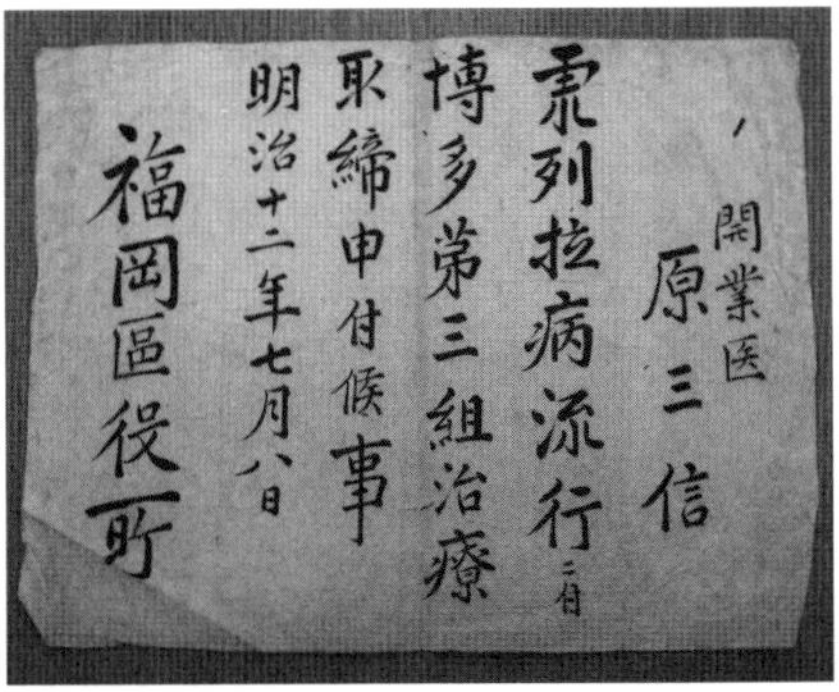

コレラ治療取り締まりの書面（福岡市博物館所蔵「原三信資料」）

江戸時代から日本で流行するようになっていたコレラは、明治になってもたびたび全国で猛威をふるいました。外科医の十二代三信も、流行病と無関係というわけにはいきません。明治十二（一八七九）年七月、

「コレラ病流行につき、博多第三組治療取り締まりを申し付ける」

という書面が福岡区役所から渡されました。

博多のコレラ流行に関しては、こんな話があります。明治十九年、太閤町割からちょうど三百年にあたることから豊国《ほうこく》神社創建の話が持ち上がりました。黒田家の援助、寄付金の見込みがついて、神屋宗湛屋敷の四分の一を購入しました。六月に遷座式を予定しましたが、コレラの流行がひどく、神殿が落成したあと何度も延期して、十一月三、四日に行われました。（橋詰武生『明治の博多記』）

このころ、福岡には医師が何人いたのでしょうか。『福岡市医師会史　１９９７～２００７　創立百周年記念』によると、明治十八（一八八五）

年の福岡区（福岡部・博多部）の医師総数は五十九人で、内訳は医学士三人、試験開業医九人、学校卒業四人、従来開業医四十三人でした。「従来開業医」とは漢方医のことで、試験を受けなくてもそのまま開業を認められていましたが、漢方医の新規開業は認められなかったようです。

もっとも明治二十二年に市制をしいた福岡市は、周辺の町村と合併する前の狭い区域であり、まだ人口五万人にすぎないころでした。

この年の暮れ、九州鉄道会社の博多停車場－千歳川仮停車場（筑後川北岸）間が開業しました。二年後には門司駅（現・門司港駅）まで東に線路が延びました。

九州各県持ち回りの九州沖縄八県連合共進会が、五回目の福岡当番で開幕したのは明治二十年三月、東中洲の県有地を会場に共進館、赤煉瓦の審査館が建ち、織物陳列館や米穀類、茶、繭、生糸などの陳列場ができてにぎわいました。汽車も電灯もなく、人力車と洋灯（ランプ）、ガス灯の時代でした。

明治維新は、医学教育の分野でも大きな変革をもたらしました。

代々藩医をうけついできた原三信も当然、世代わりの影響をうけています。

ここから少し、福岡における医学教育事情の変化に原家のうごきを重ねながら、時代の流れをみてみます。

明治前夜の慶応三（一八六七）年、福岡藩は医学教育機関として藩校「賛生館」を土手町（現・福岡市中央区大名）に設置していました。賛生館は廃藩置県後も医学校として残されましたが、明治五（一八七二）年の学制によって廃止されました。医学教育の機能は明治七年に設けられた修猷館内の診療所に引き継がれました。

この診療所が明治十年六月、東中洲の精錬所跡に新築移転して、福岡病院となりました。二年後に始まる医業開業試験制度に備えて設置されたもので、医学教育に重きがおかれ、「福岡医学院」と呼ばれました。明治十一年には医学職員十九人、生徒六十四人がいました。年間入院患者数は一二五人、外来患者数は延べ七六六四人でした。

十二代三信が外科医を開業した翌年の明治十三年、福岡県立医学校が福岡医学院にできました。明治十六年には、卒業生に開業試験が免除される甲種医学校となります。

教官として、東京帝國大学医学部を出たばかりの医学士二人（山形県出身の大森治豊と山口県出身の熊谷玄旦）が赴任しています。明治十八年、大森は医学校長兼薬学校長に、熊谷は病院長に就任しました。

医学校の修業年限は四年でした。崎次郎（十三代三信）も医学校に入学し、明治十九年五月に卒業して医師の資格を取得します。卒業後は、京都に出て皮《ひ》黴《ばい》科を学びました。

明治二十一（一八八八）になると、医学校に付属していた病院を主体にして県立福岡病院が開院します。翌年に九州鉄道が開業し、遠方からの患者が増えました。入院患者の増加、建物の老朽化に対応するため、県立病院は明治二十九年には筑紫郡千代村に移転することになります。

崎次郎は、医学校を卒業した明治十九年七月には服部ヒサと結婚し、同二十二年一月に長男信彦が誕生しました。翌明治二十三年、崎次郎が二十七歳のときに三信を襲名しました。その四年後の明治二十七年四月、蘇仙（十二代三信）が亡くなりました。享年五十九歳でした。

この年の夏、日本は清国に宣戦布告します。

軍医の結婚

日清戦争は、第二次大戦集結まで五十年つづいた日中間の戦争の始まりでした。十三代原三信（崎次郎）は、日清戦争に従軍しました。医師としての従軍とみられますが、任務地はわかっていません。戦時の傷病者を治療する軍組織は、おおまかに二通りです。一つは、実戦部隊である師団に属する衛生部、衛生隊、野戦病院があります。もう一つは、戦地の後方にあり、軍兵站《へいたん》部に属する兵站病院などです。

日清戦争で日本軍は朝鮮半島を経て中国・遼東半島に渡っています。野戦病院は各師団に六個ずつ編成されることになっていましたが、実際には要員不足のため、近衛、第一〜第四、第六の各師団は二個、第五師団は三個の野戦病院を編成しました。

また、朝鮮半島の釜山、仁川など各地に兵站病院が設けられました。国内にも負傷兵や病兵を収容する予備病院が設けられています。

九州における日本軍の動きを少しさかのぼります。

明治十八（一八八五）年八月、福岡市の福岡城内にあった練兵場で陸軍歩兵第二十四連隊の軍旗の授与式がおこなわれ、同連隊が誕生しています。

崎次郎（十三代）が、福岡県立福岡医学校を卒業する前年のことでした。

当時の陸軍編成は、歩兵、騎兵、野砲兵、工兵、輜重《しちょう》兵の諸隊をもつ師団としては、東京の近衛師団、関東の第一師団、東北の第二師団、中部・北陸の第三師団、近畿の第四師団、中国・四国の第五師団、九州の第六師団がありました。

軍服姿の半田久雄と十三代三信

九州の第六師団は、第十三連隊（熊本）と第二十三連隊（同）による第十一旅団と、第十四連隊（小倉）と第二十四連隊（福岡）による第十二旅団からなっていました。

この第六師団の軍医で、のちに、多忙な病院の副院長として十三代を助けていく半田久雄という人がいました。

半田は久留米藩士半田門吉の子で、福岡県医学校では十三代の先輩でした。

日清戦争後に増設された第十二師団（小倉）の軍医部長を務めたこともある森林太郎（鴎外）のもとで働いたこともあったそうです。明治四十年代には大阪衛戍《えいじゅ》病院長も務め、一等軍医正として、大正三（一九一四）年に予備役となりました。

半田は十三代の妹フサと結婚するため、明治二十四（一八九一）年十二月、陸軍大臣あてに「結婚願」を提出しています。

「結婚願」

福岡縣筑前国福岡市大濱町
士族醫
原　﨑次郎妹
フサ
明治二年十一月二十一日生まれ
明治二十四年十二月、二十二年二ヶ月
久雄儀
今般熟談ノ上右に記載ノ者ト結婚致度依テ別紙身元證書ニ家計保護金證書相添差出候間御許可被下度此段奉願候也
明治二十四年十二月十日　陸軍一等軍醫　半田久雄
陸軍大臣子爵高島鞆之助殿」
（「半田1等軍曹結婚願の件」JACAR〈アジア歴史資料センター〉Ref.C07070637200、明治24年「肆大日記　12月」〈防衛省防衛研究所〉）

当時、半田は野戦砲兵第六連隊（熊本）に所属する一等軍医でした。
この結婚願には、福岡市長山中立木による「身元證書」、「家計保護金證書」とともに、半田の上官である「第六師団長男爵野崎貞澄代理　歩兵第十二旅団長　長谷川好道」が「不都合はないので許可してもらいたい」と添え書きをしていました。

日本が徐々に戦争の道へと進んで行く中で、軍人の結婚は、形式的にしろ軍の許可が必要な時代になっていました。

日清戦争

日清戦争の発端は、明治二十七（一八九四）年二月、朝鮮政府に不満をもった農民たちが、民間宗教である東学の幹部を指導者にして反乱をおこした東学党の乱（甲午農民戦争）です。このとき、東学党を支援するために、福岡から玄洋社の内田良平らが十数人で「天佑俠」を結成して朝鮮に渡っています。

朝鮮政府から反乱鎮圧の救援をもとめられた清国は出兵を決め、天津条約にのっとって日本に通知しました。日本も対抗して出兵します。日清両国介入があきらかになると、農繁期を迎えたこともあり、農民軍は六月に政府と和解したので、出兵時には国内は平穏になっていました。

このころの朝鮮の事情をすこしさかのぼると、十年前の一八八四年、朝鮮の近代化と清国への朝貢廃止をめざす独立党の金玉均らが日本の協力を得てクーデターを図りました。これに対し、李氏朝鮮の実権を握る閔氏は清国に通報し、清国軍と日本軍が交戦しますが、クーデターは失敗におわりました。このときに日清両国が結んだ天津条約には、軍の駐留禁止とともに、事前通告により朝鮮への出兵をみとめることが定められました。条約を結んだあとも、両国の朝鮮における主導権争いが続いていたのです。

東学党の乱で出兵した軍隊の動向をめぐって、

「乱は収まったから撤兵すべきだ。朝鮮はわが属国だから保護する」

と、清国は朝鮮の宗主国の立場を守ろうとしていました。

一方、日本は、列強各国によるアジア侵略がすすむ中で、ロシアの南方進出を脅威とみて、朝鮮の支配をはじめていたので、

「朝鮮は独立国である。わが国の保護で内政改革をすすめる」

と、主導権を得ようとしました。

八月一日、日本は清国に宣戦布告し、日清戦争が始まりました。

従軍した十三代三信は三十一歳、長男の信彦はまだ五歳。父の蘇仙は四月に亡くなったばか

りでした。

開戦二カ月後の明治二十七年十月二十七日付の福岡日日新聞（現・西日本新聞）に「熊本衛《えい》戍《じゅ》病院と豫備病院」の見出しで次の記事が出ています。

「熊本衛戍病院は此頃悉く野戦病院として出発せしを以て今は全く衛戍病院の名を廃して其跡に熊本豫備病院を設置したりと」

衛戍病院とは、軍隊の駐屯地に常設される病院のことです。

熊本の第六師団の部隊が戦地に出て、駐屯地の病院職員も野戦病院要員として動員されたので、空っぽになった病院の建物に予備病院が設けられました。そんな事情を、記事は伝えています。

野戦の傷病者の治療にあたる組織は、前線から順に、仮包帯所、包帯所、野戦病院、戦地定立病院、兵站病院、予備病院と設けられ、後方になるほどより完全な治療が施せる仕組みになっていました。

国内に設けた予備病院は、戦地から後送された傷病兵の治療にあたり、福岡にも設けられたので、十三代三信は、そうした病院の任務についたかもしれません。

外地に出たとすれば、テントを張る野戦病院なら、医薬品や医療機械などの装備品をもって部隊と行動をともにしたであろうし、あるいは後方の兵站病院に詰めたかもしれません。

福岡出身兵士の多くは福岡城を駐屯地としていた歩兵第二十四連隊に属したので、同連隊が清国に行き、戦闘を終え、復員するまでの動きを追ってみます。

福岡城を九月十八日に出発した連隊は、小倉で混成第十二旅団の指揮下に入り、二十四日に門司を出航。二十七日に仁川に上陸しました。このあと京城（現・ソウル）を経て、龍山に駐屯します。

十月五日、混成第十二旅団は第二軍に編入されて、清国に出発。十一月三日、遼東半島の花園口に上陸しました。第一師団の攻撃で陥落していた金州城をすぎて、半島南端の旅順を攻撃し、十一月二十一日の戦闘で二龍山の砲台を占領し、二十二日に旅順市街に入りました。

このころ、欧州各国を介して講和への動きがすすみ、明治二十八（一八九五）年三月、下関の春帆楼で講和会議が開かれますが、清国の全権大臣李鴻章が日本青年に狙撃され、重傷を負う事件が起きています。

四月十七日に調印された講和条約は、朝鮮国の独立承認、遼東半島、台湾、澎湖諸島の割譲、二億両《テール》（三億円）の戦費賠償、通商航海・陸路交通の条約締結と最恵国待遇、沙市、重慶、蘇州、杭州の開市、開港、航路承認、威海衛の占領が盛られました。

これに対して、ロシア、ドイツ、フランスの三国が、遼東半島の割譲の放棄を日本に勧告します。この三国干渉を日本は受け入れ、五月に条約を批准しました。

国内では、政府批判の世論がうずまき、「臥薪嘗胆《がしんしょうたん》」の言葉がはやりました。この後、台湾割譲に対する住民の武装闘争が起こり、日本軍が平定報告をしたのは十一月でした。

日清戦争の結果は、日本とロシアとの満州（中国東北部）争奪戦のはじまりでもありました。日本は、朝鮮を足がかりに満州へと大陸進出をはかっていきます。

大浜に開院

日清戦争が終わり、博多に帰った十三代原三信（崎次郎）は、家業に復帰しました。博多はこのころから、近代的な町づくりが進みます。町の変容に歩調を合わせるように、原三信の医業も発展しました。

明治二十九（一八九六）年六月、福岡県立福岡病院が千代の松原に完成しました。それまで東中洲にあった医学校の建物は、県立福岡工業学校（現・県立福岡工業高校）の校舎になります。同校は明治三十三年、新築移転に伴い解体されました。

十三代三信はこの解体材の払い下げを受けて明治三十五年、福岡市での私立病院のさきがけ

私立原病院の玄関。十三代三信と職員

となる「私立原病院」を開院しました。病床数は三十床。場所は、漁師の家が軒を並べる大浜です。大浜は、その名の通り、博多湾に面した白い砂浜が広がっていました。東に石堂川の河口が近く、西の那珂川まで長い海岸線が延びていました。

筑前の福岡・博多と筑後の久留米は明治二十二（一八八九）年、市になりました。この年に九州鉄道の博多駅もできました。明治三十二年には、博多築港株式会社が発足し、大浜海岸を埋め立てて、港づくりが着々と進められました。

埋め立て地には、恵比寿町、千歳町、海岸通り、石城町、冷泉町、北浜町、西浜町、唐船町、幾世町などの町がうまれています。

港には近海航路の汽船が出入りし、遠洋漁業の基地としても発展しました。

花街の柳町も近く、路面電車が開通するとますますにぎわいました。

十三代は、花柳病の治療と検査に励んで成功します。

花柳病とは性感染症のことで、これを専門にしたのが大いに当たりました。

性感染症の第一は梅毒であり、当時、梅毒は国民病といわれるほどになっていたので、方々からの患者を集めてその名を広め、病院の経営基盤も固まっていきました。

博多名物の水炊きで有名な料亭「新三浦」の宴会では、三味線に合わせて、こんな歌がよく歌われました。

上から読んでも、下から読んでも
サンシンさん、サンシンさん、
ぱっぱよこちょ、よこねのサンシンさん、
サンシンさん

歌の文句にある「よこね」（横根）は、「軟性下疳《げかん》」という性感染症のことでした。足の付け根のリンパ節が炎症をおこしてできる腫れ物で、性器の粘膜や皮膚に潰瘍ができて痛みます。原病院はこの治療を得意としました。

十三代三信はまた、医業以外の分野でも幅広い人脈をつくりました。

十三代が二十三歳のときに結婚したヒサは、二歳下の慶応三（一八六七）年生まれ。西新町

（福岡市早良区）の商家服部太右衛門文助の娘でした。
「京屋」の屋号で知られた服部太右衛門はもとは京都の人で、黒田家の豊前中津時代から御用商人となり、黒田家の筑前入りについて博多に来ました。川端一帯に土地をもつ服部家は、材木商、博多織屋、旅館を経営して、広い庭園に植えた松があり、明治時代に樹齢三百年の巨木になっていました。明治十五年、京屋に泊まった伊藤博文が川面に映えるすがたの見事さをたたえて「臨水の松」と名づけました。

この老松が博多川の水面に枝をのばした景観を、画家の青木繁が絵に残しています。青木が肺を病んで、川に面した病院で療養中に描いた絶筆とされています。

また、ヒサの母方の実家は「たばこ屋」を屋号にした醤油醸造業の一門、奥村家です。この一族には、フランス大使をつとめた外交官栗野慎一郎夫人や、博多商工会議所会頭、衆議院議員をつとめた奥村七郎ら政官財界人、学者らの名士がたくさんいます。

そんな縁戚による人脈づくりもあり、十三代は博多電気軌道株式会社や福岡遠洋漁業会社の創立にも加わり、博多財界人の一人に数えられるようになりました。

また、原病院は、診療のかたわら看護学校を設けていました。

高等小学校の卒業者には一年間の看護学科、尋常小学校の卒業者には二年間にわたって普通学科と看護学科を教えました。看護学科の内容は、解剖および生理学、普通看護学および看護法でした。また、看護の技術上の問題だけでなく、「見習い看護婦」や「有資格看護婦」としての心得や病院との「位置（関係）」についても、「看護婦修行」という文書にして記しています。修了者には、「私立原病院」名で卒業証書を授与しました。

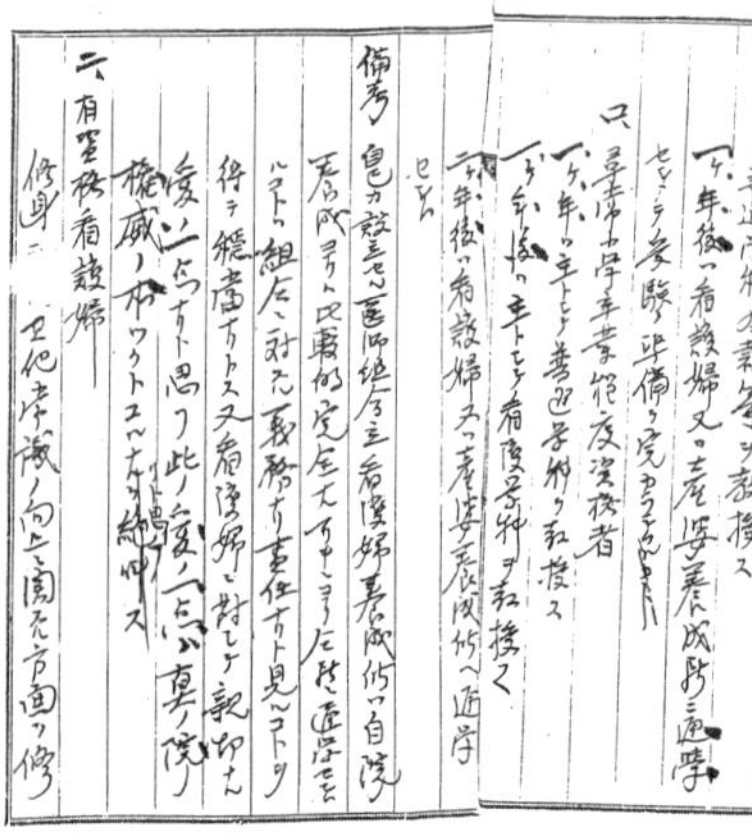
看護婦修業
一、見習看護婦
小、高等小学卒業程度以上資格者
一ヶ年間ハ本院規定ノ看護学科ヲ主トシテ之ニ加フル
ニ普通学科及裁縫等ヲ教授ス
一ヶ年後ハ看護婦又ハ産婆養成所ニ通学
セシメテ受験準備ヲ完ウセシム
二、有資格看護婦

「看護婦修業」の文書

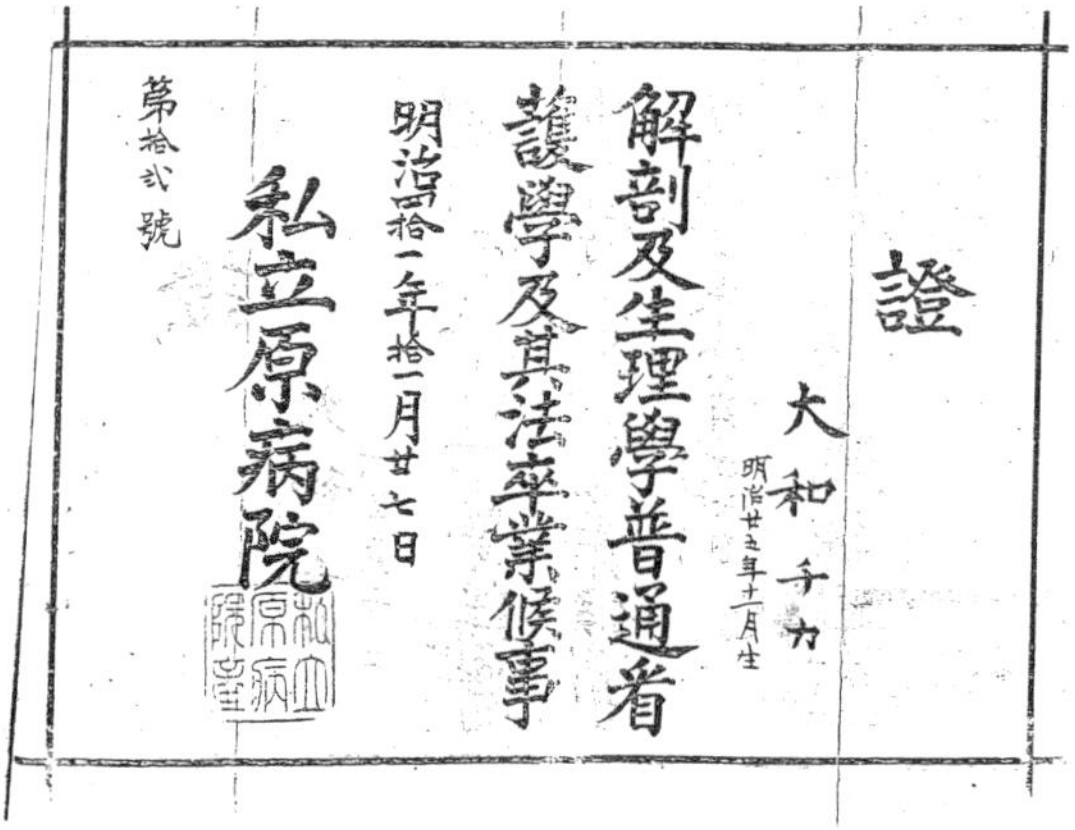
證
大和チカ
明治廿五年十一月生
解剖及生理學普通看護學及其法卒業候事
明治四拾一年拾一月廿七日
私立原病院
第拾弐號

私立原病院の卒業証書

修了式には、市長をはじめ福博の名士を来賓に招きました。十三代三信はにぎやかなことが好きで、セレモニーの後には、赤穂四十七士の「義士銘々伝」を十八番《おはこ》にしていた浪曲師、桃中軒雲右衛門の出しものを用意するほどでした。

十三代は、その時代の新しいものに関心を寄せ、率先してとりいれました。ドイツのレントゲン技術が入ってくると、すぐに病院に購入し、福岡でのレントゲン診断医療の先端を切りました。

もう一つの先端医療導入は、梅毒の治療薬「サルバルサン」の注射です。サルバルサンは、島根県出身の細菌学者秦佐八郎（一八七三〜一九三八）が明治四十三（一九一〇）年、ドイツ留学中にP・エールリッヒ（一八五四〜一九一五）と共同開発した化学療法剤です。帰国後、国産化に成功しました。ヒ素化合物で毒性もあり、抗生物質のペニシリンが実用化されるまで三十余年、特効薬の地位を維持しました。

サルバルサンは商品名で、実験時の番号から「六〇六号」とも呼ばれ、原三信の病院が電話番号にしていたこともあります。

原病院での処方は九州でも先駆的だったため、大評判を得ました。

十三代は大相撲が好きで、大浜海岸で興行があったときは、力士たちが治療によく訪れました。横綱梅ケ谷もあいさつにきたほか、大男の大砲も来たことがありました。

明治四十年代の私立原病院の職員は、院長の原三信のほかに医師三人、看護婦およそ十人、使用人が数人という陣容でした。

第四章　義兄弟

書生志免太郎

十三代原三信（崎次郎）とヒサの夫婦は、一男三女の子ども四人をもうけました。

のちに十四代三信となる信彦は、明治二十二（一八八九）年一月一日の生まれです。中学修猷館、熊本医学専門学校を卒業し、柴田アサと結婚します。さらに九州帝国大学医科大学皮膚科の旭憲吉教授のもとで三年間、皮膚病学・黴毒《ばいどく》学を学び、大正七年から原病院の仕事につきました。

一人息子の信彦がひとり立ちするまで、十三代は医業を支えるために志免太郎と實の二人の婿養子を迎えます。信彦には妹がいました。五つ年下のシゲ、十一歳はなれた多慶、さらに二つ下のヒデの三人でしたが、真ん中の多慶は、生後七カ月で亡くなっています。

志免太郎とシゲ

原田志免太郎は明治二十九年三月、医学書生として十三代に入門してきました。高等小学校を卒業したばかりの十三歳でした。

志免太郎は明治十五年十月四日、福岡荒戸町の旧福岡藩士、原田種紀の四男として生まれました。独学で検定資格を取り、京都府立医学専門学校（現・京都府立医科大学）を卒業した明治三十八年、原家と養子縁組をします。京都で母校の府立療病院の神経精神科に医員として残ったあと、明治四十三（一九〇九）年に帰郷しました。翌四十四年、大阪府立高等医学校（現大阪大医学部）で梅毒の治療薬サルバルサンの講習会に参加し、原病院で使いはじめました。

翌年二月、福岡県立福岡高等女学校（現・福岡中央高校）を卒業していた十七歳のシゲと結婚します。志免太郎は二十九歳でした。

志免太郎は、原病院の皮黴《ひばい》科の責任者をしつつ、伝染病研究のため、福岡市立荒津伝染病院に通いました。そのときに九州帝国大学医科大学助教授の北村勝蔵と出会います。

この縁で大正五（一九一六）年、北村が故郷・静岡で開業したときについて行き、内科医としてはたらきます。信彦が熊本医学専門学校を卒業した年でした。大正八年には、東京・鶯谷の国柱会館内にできた「師子王医院」の医師となって上京します。ところが、大正十二年の関東大震災で被災し、廃院となったため、翌年、八年ぶりに博多に帰りました。

志免太郎、シゲ夫婦は、十三代が明治三十六（一九〇三）年に姪浜に開いていた原病院分院に落ち着きました。五歳の安彦、三歳の玖邇子との親子四人でした。

先輩北村の紹介で九州帝国大学医学部の衛生学研究室に研究生として入ると、寄生虫の研究で知られる教授、宮入慶之助（一八六五〜一九四六）の勧めで、灸《きゅう》の研究に取りくみます。結核に感染したウサギに灸をすえると抵抗力が増すことをつきとめた論文が認められ、昭和四（一九二九）年、日本ではじめての「お灸博士」となりました。

この年夏ごろ、志免太郎は東中洲にあった古川写真館の建物を借りて開業します。

古川写真館は、福岡藩の命をうけ、長崎で写真を学んだ古川俊平（一八三五〜一九〇七）が開業したところです。写真を家業とした古川家は、幕末から明治維新にかけて苦労をかさねたところが、藩医の原家と共通し縁も深いので、ここで古川家について紹介します。

古川俊平は、藩が安政三（一八五六）年に東中洲に設けた精錬所に勤め、ダゲレオタイプ（銀板写真）の写真試験などにとり組みました。研究のため、長崎でオランダ海軍の軍医ポンペや、イギリス軍艦の写真師ロッシールに教えを受けます。

明治維新後、福岡藩が太政官札や二分銀、一朱金、銀・銅銭の贋金《にせがね》を作り、北海道での物資買いつけと正金銀の交換に使いました。

「他藩もやっていること」でしたが、明治三（一九七〇）年に明るみに出て関係者が処罰されます。藩主黒田長知は、県知事を降ろされました。実務にあたった藩士は五人が庶民に降格されて斬首、主犯格の財務担当は獄中で病死、一人は発狂し自宅に牢居、徒刑三年以上が五十人、俊平ら事件への関与を自訴した者は、東京佃島で二年半の刑に服しました。俊平は三十八歳でした。

明治七年、四十一歳で自由の身になった俊平は、元藩主黒田長溥邸に立ち寄りました。長溥は労をねぎらいながら、

「私の写真機材が藤野良泰（蘭方産科医）のところに預けてあるので、それを使って生計を立てるがよい」

と、告げました。

俊平は福岡に帰り、藤野から写真機を受け取って翌年末、博多川のほとりに洋風の「古川写真館」を新築し、大いに繁盛しました。長女タキは有田新太郎と結婚。新太郎が俊平の養子となり、震次郎と改名して写真館を継ぎました。

俊平の長男俊は医師となり、藩精錬所跡にできた福岡病院に勤務しました。さらに東京大

東中洲にあった古河写真館。のちに志免太郎はここで医院を開業した

学医学部別科を卒業後、朝鮮・仁川の病院を経て明治二十一（一八八八）年、福岡県立病院の外科につとめました。

震次郎夫婦には子がなく、俊の次男成俊が養子に入り、写真業の本家を継ぎました。

成俊は、東京美術学校（現・東京芸術大学）で写真科を専攻、東京写真短期大学（現・東京工芸大学短期大学部）教授となって写真の発展につくしました。娘二人はそれぞれ家庭をもち、写真業の家としては成俊で終わりました。

大正十（一九二一）年六月、成俊が原病院を訪ねました。成俊が美術学校の写真学生だったころでしょう。十三代三信が志免太郎夫婦にあてた手紙に、その訪問のことが書いてあります。

手紙によると、「古川君」（成俊）が、豪雨の中、博多に帰り着き、志免太郎からの土産（箱入りの菓子など）を持参しました。そのお礼と、孫の安彦の健康回復を知って安心したという内容です。成俊は東京で志免太郎の家に寄り、土産をことづかったようです。

十三代は、病院の当直部屋で好物のウィスキーグラスを傾けながら、気分が良く、この手紙を書きました。即興で詠んだ歌をそえています。

誰も見よ満つれば　やがて欠く月の　十六夜の空や　人の世の中
あすありと思ふ　心のあだ桜　夜半の嵐のふかぬ　ものかは
順なれば　日上乾坤曜　雲収山岳青

古川俊平は、十二代原三信（蘇仙）より二歳上。

古川俊は、十三代原三信（崎次郎）より三歳上で、外科医になります。

明治三十三年生まれの成俊は、志免太郎より十八歳下、信彦の十一歳下でした。

それぞれの世代で交流があったことでしょう。

古川俊の長男俊勝も医者となり、戦後、初代大分県医師会長に選ばれます。俊勝の長男俊隆が医業を継ぎ、その息子の俊治は医師、弁護士となったあと、平成十七（二〇〇七）年から参院議員（埼玉県選挙区）をつとめています。

ホタル博士

話を志免太郎に戻します。

古川写真館の建物で開業した志免太郎は、結核患者をはじめ、神経衰弱、心臓病、膀胱カタル、婦人病、脚気、梅毒、淋病、胃腸病、神経痛、夜尿症、糖尿病、高血圧症などの患者とその予防に灸をもちいました。昭和八（一九三三）年、臨床例をまとめた「萬病に効くお灸療法」を出版します。昭和十年には、灸科を診療科目として内務大臣の許可を得ました。漢方医学が制度上は排除されていた当時としては、きわめて異例のことでした。

もう一つ、志免太郎のユニークな研究は、ホタルです。

福岡市東部の香椎に結核患者の病室「養寿報國園」（昭和七年）を建てたところ、ヘイケホタルが舞うのに気づいて、養殖をはじめました。ホタルが日本住血吸虫病の中間宿主である「宮入貝」を食べることを知っていたので、病気撲滅のためにと養殖に力が入りました。ホタルの幼虫を香椎川はじめ、福岡城の堀、多々良川、室見川などに放流し、「ホタル博士」とよばれるようになりました。

戦争中の昭和十八年、東中洲の内科医院を閉じ、香椎に疎開しました。戦後、医療法人明錬会香椎原病院を開業します。

院長を長男安彦にゆずった後も聴診器をもち、百歳の誕生日に『新しい灸学』を出版します。百四歳まで、灸の治療をする医師をつづけました。平成三（一九九一）年六月十八日、自らが名誉院長を務める福岡市東区の香椎原病院で亡くなりました。百八歳、男性長寿日本一でした。

原家のもう一人の養子は、佐野實です。

實は、静岡県君沢郡中郷村（現・三島市）の旧士族、佐野孫七の四男三女の末っ子でした。明治二十八（一八九五）年暮れの生まれですが、村役場への届けが翌二十九年一月二十八日で、戸籍上はこの日が生年月日です。

小学校を卒業後、長兄の会輔をたよって上京し、ドイツ語教育で知られていた独協中学、第一高等学校（現・東京大学）へと進みました。一高在学中に、日蓮宗の国柱会に入信し、大正六（一九一七）年、国柱会の講師をつとめていた志免太郎と出会いました。

實の両親はすでになく、親代わりの会輔に学資を出してもらっていました。十三歳上の志免太郎は、医師を志望する實を見こんで、十三代原三信が優秀な医師を育てる援助をしている話をして、九州行きをすすめました。

十三代は、志免太郎の話をきいて、将来は實を養子に迎える心づもりもしていました。實の実家が士族で、子だくさんの地主だったこと、實の十歳上の兄が有望な軍人（のちの陸軍中将）であることも聞いていました。

實、ドイツへ

實は、十三代と志免太郎の期待にこたえるように、当初希望していた東京帝国大学から進学先を変え、十三代のもとから九州帝国大学医科大学に通いました。勉学に励む實のまじめな人柄をみた十三代は、まだ大学在学中の大正八年五月、三女ヒデの婿養子に迎えました。

實が小児科医を志したのは、乳幼児の死亡率の高さを憂えたからでした。志免太郎が長男と双子の長女、次女を亡くしたことを知っていたし、自分も初めてさずかった男児、晋を生後わ

ベルリン留学から帰国したころの實

ずか四日にして失っていました。

大学を卒業すると、大学に残り、浜の町（福岡市中央区）に住居を構えました。

大正十二年に長男・養一郎が誕生。翌年、長女みどりの誕生を見とどけた後、ドイツのベルリン大学留学に旅立ちます。帰国後に三十歳で医学博士の学位を取得し、昭和二（一九二七）年から三年間、九州帝大医学部の講師を勤め同五年、橋口町（福岡市中央区天神）に小児科医院を開業しました。その夏に次男・敬二郎が誕生、二年後に三男の私（寛）が生まれ、六人家族となりました。

患者宅への往診には夜でも人力車を使って出かけ、患者の搬送には馬車をかり出しました。戦中・戦後の貧しい時代には、診療代の代わりにと、野菜や米を差し出されることも少なくありませんでした。健康保険のない時代には、盆暮れの年二回の支払いがふつうだったといいます。

昭和十五（一九四〇）年に東京でオリンピックが開かれることになり、實は子どもたちに「みんなを連れていってやる」と話していましたが、日中戦争がはじまり、開催二年前に中止が決まり、家族一同がっかりしました。

昭和十七年秋から二十一年夏まで、實は、九州高等医学専門学校（現・久留米大学医学部）の小児科教授として学生を指導しました。教授時代には、前任教授からの「日本住血吸虫症」の研究に努力しました。

ところで、志免太郎と實は、日蓮宗の「国柱会」に入信していました。

志免太郎は明治三十六（一九〇三）年、医学を学んでいた京都で、「立正安国会」という教団を主宰していた田中智学（一八六一〜一九三九）から仏教の説法をうけました。

日蓮宗はこのころ、元寇記念碑建設運動にからんで日蓮の銅像を福岡市の千代の松原に建設する運動を進めていました。

この運動は、明治十九年、清国の北洋艦隊が長崎に寄港したとき、市街地で水兵の暴動があり、制止する警官との双方に死傷者を出した事件もからんで、ナショナリズムも加わっていました。亀山上皇と日蓮の二つの像は、明治三十七年十一月、福岡市の東公園で除幕されています。教団は大正時代に「国柱会」と改名しました。

大正六（一九〇六）年、實は、国柱会の縁で志免太郎と知り合いましたが、十三代三信も實の婿入りをきっかけに入信しました。

志免太郎と實は、實が婿入りする条件として、原家の宗派を浄土宗から日蓮宗に変え、国柱会に入ることを勧めました。二人は断られると思っていたところ、十三代は、あっさり応じました。

十三代は一日の仕事を終えたあと、晩酌をたのしみました。

晩年は糖尿病をわずらい、持病の胆石によって、悪寒と発熱に襲われました。そして大正十一年三月十七日、妻や子にみとられて亡くなります。五十九歳でした。

葬儀は三月二十四日、小雪の舞うなか病院の隣接地にテントを張り、国柱会の導師を迎えてとりおこなわれました。

十三代は、七言絶句の漢詩をつくり、病院の傍らに詩碑を建てていました。

先祖の苦労をしのび、威光を後世に引き継ぎたいという気持ちがにじんでいます。

隻手支来家運傾　（隻手《せきしゅ》支え来たって家運傾く）
励精勤苦致安貞　（励精勤苦《きんく》安貞を致す）
余光耿々及今日　（余光耿々《こうこう》今日に及ぶ）
須記子孫先考名　（須《すべから》く記せよ子孫先考《せんこう》の名）

この詩は、一家の悲運をかみしめることから始まっています。先祖代々の医業を「隻手」（片手）で支えることになり、家運が傾いた、と。十三代三信には、磯熊という兄がいましたが、明治十三（一八九〇）年九月、医学の修業先で亡くなりました。

四十三歳の父蘇仙と、四十一歳の母アサは、磯熊を二十歳ころまで育て上げ、ほどなく医家の柱になってもらえるはずでした。当時十七歳だった十三代の下に、十一歳のフサ、三歳のユキという妹二人がいましたが、両親はじめ家族の落胆と悲しみは、いかばかりだったか。この三年後の明治十六年には弟保彦が生まれましたが、やはり十九歳の若さで亡くなっています。十三代にとって、医業をともに支えるはずの兄を失い、悲しみを越えてひたすら励み、まことをつくしてきたとの感慨がありました。

詩はさらに、輝かしい先祖のおかげで、病院の今日の繁栄がある。だから、いつまでも先祖の名を心に刻んで生きてほしいと、子孫に呼びかけています。

福岡大空襲

昭和二十（一九四五）年六月十九日午後十一時すぎ、福岡大空襲で福岡市の中心部は焦土と化しました。

東は御笠川から西の樋井川まで東西五キロ、北は博多港の海岸線から南へ一・八キロの範囲で、焼失面積は三・七八平方キロ。被災戸数一万二、六九三戸、被災人口六万五九九人、死者九〇二人、負傷者一、〇七八人、行方不明二四四人を数えました。

埋め立て地の「築港」にあった原病院は、負傷者を収容する救急病院に指定されていました。そのことを街頭で知らせる憲兵隊の「布告」が街頭に張り出されました。毛筆で書かれた全文は、次の通りです。

市民に告ぐ

一、此処（ここ）が頑張りどころだ

二、戦災者は官憲の指示に従い収容所に行け

三、負傷者は公会堂　渡辺通佐田病院　築港原病院　西軍前棚町病院に行け

憲兵隊

原病院は、鉄筋コンクリート五階建（150頁の電柱写真）。焼け野原にポツンと立っていました。周囲の類焼を防ぐ防火壁の役割も果たしました。昭和五（一九三〇）年十一月に木造建築を建て替え、新築当初は病室十五床、治療室、診察室がありました。

六月十九日の夜は満月でした。月明かりに輝く博多湾の上空から、「収束焼夷弾」が投下されました。博多部の呉服町交差点と、福岡部の赤坂門交差点を中心点に、上空で円筒状の容器が開き、四八個の油脂焼夷弾がバラバラ散り落ちました。木造家屋に火柱が立ち、地上に炎の海が広がりました。

空襲した戦略爆撃機Ｂ29は二二七機、焼夷弾は総量一五三八・三トンとされます。

五階建ての第十五銀行ビル地下室に逃げ込んだ六十余人が、吹き込む熱風で死亡しました。炎から逃げ惑う住民は、海に飛び込み、岸壁につかまるようにして夜明けを待ちました。

翌朝から奈良屋小学校（現・博多小）には、およそ三百の焼死体が運び込まれました。

「戦争という呪わしい事実は、地上における我々のあらゆるものを粉砕した」

八月十五日の終戦から間もない夜、五十六歳の院長だった十四代原三信（信彦）は、病院の屋上に立ち、星空の下に広がる焼け跡を見た感想を、そう書いています。

焼け野原となった博多の町。右奥に五階建ての原病院（「博多浜部の廃墟」福岡市提供）

一家は、焼け跡に建てられた木造の戦災復興住宅でしばらく暮らしました。

七十八歳になる母ヒサをはじめ、十四代一家は妻アサ、九大医学部の学生だった次男・和彦（長男は十三歳で早世、三男も夭逝）を頭に旧制福岡高校一年の四男・恒彦、中学三年の五男・孝彦、女学校二年の三女・貞子（長女は夭逝、次女は結婚）、小学六年の六男・武彦まで四男一女の子供五人、三世代八人の家族構成でした。

南薬院（福岡市中央区）の自宅を焼け出された實一家は、香椎の志免太郎宅へ身を寄せました。その家族は、妻ヒデと久留米医学専門学校生の養一郎、中学三年の敬二郎、中学一年の寛と計五人がいました。志免太郎一家は、妻シゲと安彦、女学校二年の八千代と香椎（福岡市東区）に住んでいて、幸い被災を免れました。

五階建ての原病院は焼け残ったものの、木造の住宅は全焼し、家財や蔵書などほとんどが灰になりました。昭和二十五（一九五〇）年夏、和彦（十五代）の五歳年下の妻順子が結婚して来たときには、まだ周囲にがれきが残っていました。

十四代は、近郊に所有していた山林や農地を処分して、病院復興の資金に充てました。戦災にあった原家一門は、福岡市内各地に病院を再建し、発展させていきます。

十四代の遺稿

十四代は、昭和三十一（一九五六）年十二月十四日、午後三時まで患者を診察し、医師の息子たちと明日の病院を語りつつ、午後十一時、心筋梗塞で急逝しました。

午後六時半ごろ発作を起して倒れ、右手を妻アサに預け、左手を和彦に差しのべて言い残しました。

「俺の生涯は悔いのない素晴らしい生涯だった。和彦、お母さんのことはよろしく頼むぞ。そして兄弟仲良くな」

「この季肋部痛は迷走神経の刺激症状じゃないか」

「名状し難い痛みだ。モヒを使ってくれ」

いかにも、医師にふさわしい六十七年の生涯でした。

妻アサは二年後、後を追うように五十九歳で亡くなりました。

十四代（信彦）が還暦のときに書いた「遺稿」があります。

本居宣長の絵図を手にする十四代信彦

「我れ四十二歳、妻三十三歳にして長男を失い、それからユーモアと笑いのない僕の生涯がはじまった。（中略）今、頭に蓬霜を戴く僕に最も嬉しい事は、我々二人が三十五年間、暦日のない生活をして来た人生行路を、大人となった子供等が良く理解してくれているという事である。我が生の終らむ日まで、業務に対する夢と情熱を失わず努力することは、

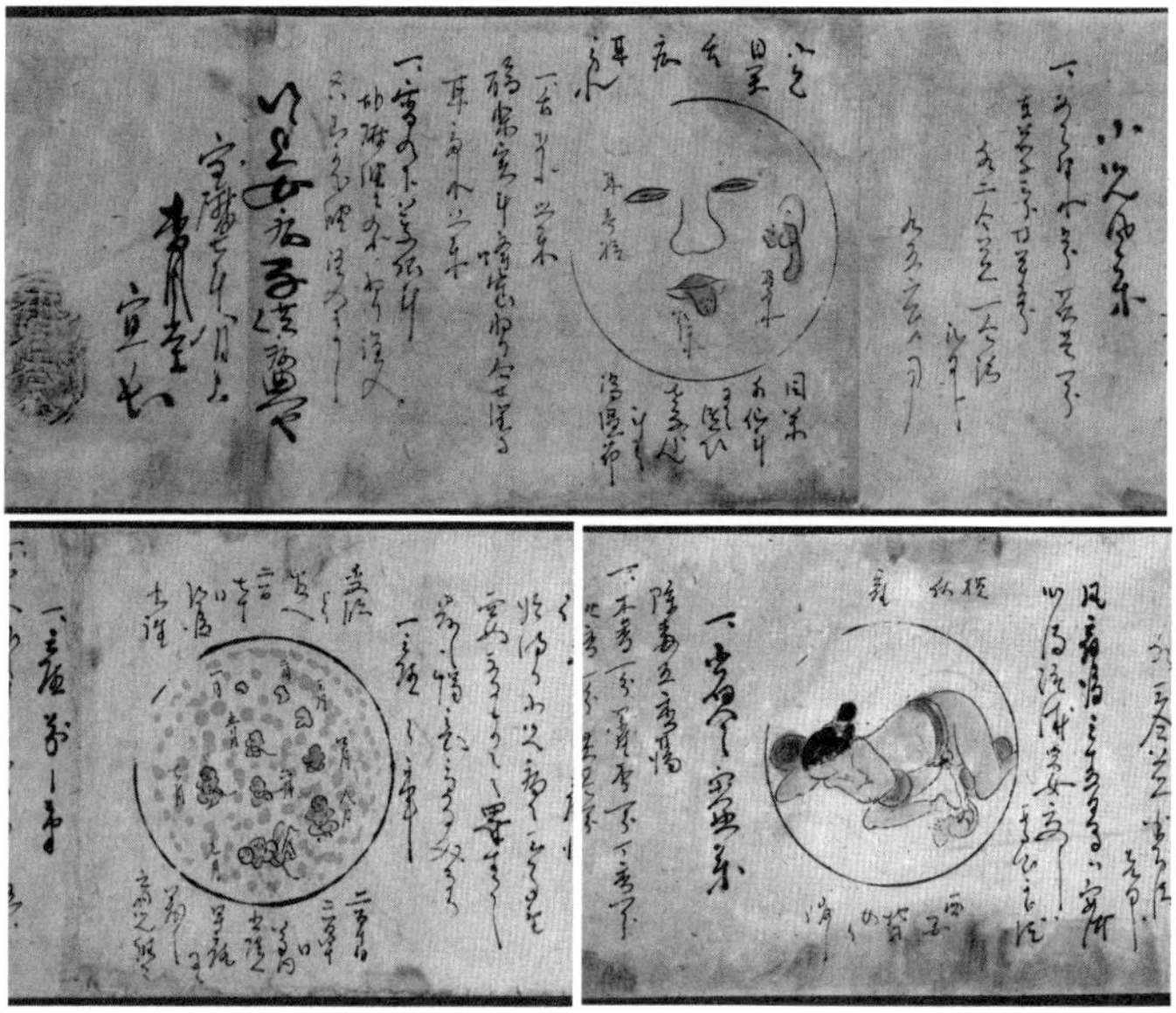

本居宣長の「女病小児病画要望薬秘典」から

法悦に近い悦びをもって受ける宿命であるが、いつの日か我が玉の緒の絶ゆる刹那に、もし我が唇の動くを見たら、それは妻に対する感謝の詞と神々に讃えられる以上に嬉しい、子供等に讃えられつつ我が生を終る法悦に感謝する言葉であると思う」

本居宣長絵巻

十四代は、本居宣長（一七三〇～一八〇一）の医書をよく見ていました。「女病小児病画要望薬秘典」と題した絵巻（幅一八センチ、長さ四メートル三センチ）です。

宣長は国学者として知られていますが、医師でもありました。この絵巻は宝暦七（一七五七）年につくられたものとみられ、女性や子どもの病気、薬について記し、妊娠から出産にいたるまでの注意などが描かれています。

延宝七年といえば、六代三信が息子の金之助を亡くした年です。十四代は、巻物を広げながら、長崎でオランダ医学を学んだ先祖のことも思い浮かべていたのかもしれません。

古希の祝宴

十四代三信は、母ヒサの古希を義兄弟三夫婦で祝いました。その記念写真があります。ヒサは慶応三（一八六七）年生まれです。数えで七〇歳の恐らく昭和十一（一九三六）年のお祝いだと思われます。夫の十三代（崎次郎）が大正十一年に五十九歳で亡くなってから十五年たっていました。

賓客として頭山満、峰尾夫妻、久世庸夫福岡市長らが出席しました。金屏風の前に、紋付き羽織姿の頭山夫妻と久世市長がヒサをはさんで着席し、信彦とアサ、志免太郎とシゲ、實と

十四代三信の母ヒサの古希祝い。前列右から久世庸夫福岡市長、ヒサ、頭山満夫妻

ヒデの三組の夫婦が並んで立っています。十四代が招いたゲストの中心は八十二歳の頭山だったようで、頭山が万歳の音頭をとりました。

頭山満は安政二年生まれ。ヒサより十二歳上で、西新（福岡市早良区）で近所の幼なじみでした。明治の自由民権運動、さらに「大アジア主義」をかかげた政治結社「玄洋社」の総帥です。久世市長も玄洋社員でした。

玄洋社は、旧福岡藩士の子弟らをはじめ郷土のつながりで結びついた集団です。「玄洋」は、郷土の海、玄界灘のことです。たとえば福岡市医師会の前身は明治時代「玄洋医会」でした。このほか小、中、高校、公民館、野球チーム、老人ホーム、タクシー、電機会社はじめ企業、団体名に「玄洋」がたくさんつかわれます。

玄洋社員には、ほかに政治家では、初代福岡市長の山中立木、福岡出身者として初の総理大臣となった広田弘毅、朝日新聞主筆のあと自由党総裁をつとめた緒方竹虎、衆院議員や福岡市長をつとめた進藤一馬（進藤喜平太の子）、経済人では、安川電機や明治専門学校（現・九州工業大学）の創設者である安川敬一郎、その子で東京オリンピック組織委員長の安川第五郎、旧日魯漁業の副社長をつとめた真藤慎太郎、東京美術学校（現・東京芸術大学美術学部）教授をつとめた画家の和田三造らがいました。

ヒサは昭和二十七年に九十歳で亡くなるまで一家を支え、守りました。

第五章　医のこころ

過去帳

第六代原三信が葬られた極楽寺は、かつて福岡市の極楽寺町《ごくらくじのちょう》にありました。寺の名がそのまま町名になっていました。極楽寺は福岡市南区に移転し、地名は今、中央区天神四丁目になっています。ファッションビル「ミーナ天神」と北隣のダイエーショッパーズとのビルの間に出ると、極楽寺があったころの門前の方向に、まっすぐな舗道が延びています。この細い道筋だけが、むかしのなごりをとどめています。

大通りを路面電車が走っていたころは、対馬小路から那珂川を渡って天神に向かう線路が渡辺通へと左に大きくカーブしていました。その急カーブの線路に面して極楽寺の境内があり、広い墓地が見えていました。

夜になると、この墓地にしばしば青白い人魂があらわれたそうです。

「電車が走っている時に、ポーッと出てくるんですよ。カーブを運転中におどろかされて、危ない。住職、何とかしてください」

電車の運転手から言われて、住職は首をひねりました。

「やはり、亀姫さまだろうか」

という思いがふと胸をよぎるのでした。

亀姫は、筑前の初代藩主・黒田長政（一五六八〜一六二三）の娘で、赤穂藩主、池田輝興の正室になったあと、正保二（一六四五）年、三十歳の時に藩主自らの手で殺害されました。黒田家譜はこのときのことを「輝興乱気せられ内室殺害に遇たまふ」と記しています。江戸の屋敷で殿様が突然、乱心し、妻を斬り殺したというのです。

長政の子、第二代藩主忠之（一六〇二〜五四）は、妹の墓所を定めた極楽寺に、住吉村の寺領五十石を与えました。それまで極楽寺は山号を果還山《かげんざん》と称していましたが、亀姫の戒名、清光院《せいこういん》をとって清光山と改めました。院号を果還院《かげんいん》とし、いま清光山果還院極楽寺と呼んでいます。

もともと極楽寺は、小早川隆景（一五三三〜九七）が筑前国の領主となり、博多湾の東寄りにある名島に開いたのが始まりといわれます。当時は水軍の備えをかまえた立地で、東、北、

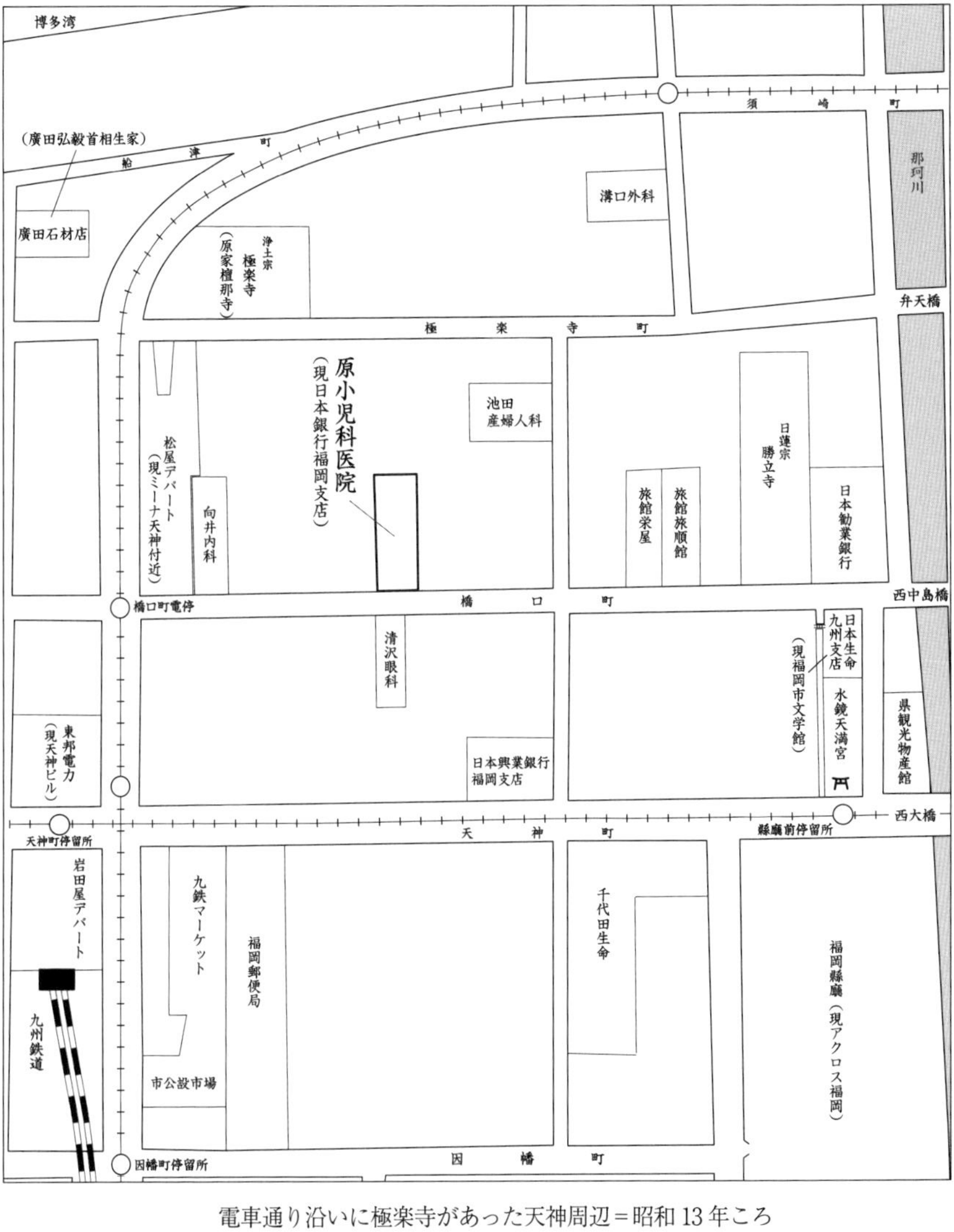

電車通り沿いに極楽寺があった天神周辺＝昭和 13 年ころ

消失前の極楽寺にあった原家の墓

西の三方が海に面した要害で、南方が陸地でした。その後、関ヶ原の戦功で新たに領主となった長政は、名島城の城下がいかにも狭いと感じて、城郭の適地を名島より南西に二里ほど入った福崎の地に決めました。

この時に極楽寺も那珂川を越えて今の天神に移りました。

明治四十四（一九一一）年になると、博多電気軌道の路面電車を走らせるために、線路用地として境内地を提供したので、墓地の改合葬もおこなわれました。

それやこれやのいきさつもあったから、電車道に人魂が出たといえば、不幸な最期をとげた姫の迷える魂ではないかと、ひそかに言う人もいたのです。

この極楽寺の過去帳に、原家代々の先祖も記録されています。

延宝七（一六七九）年に初めて戒名の記載があります。

了月譽覺　八月廿四日　原三信悴　金之助

「金之助」とあるのは、六代三信の息子です。
その次に記されているのは、元禄十七（一七〇四）年。

嶺陽院殿本譽良源　正月廿五日　原三信母

続いて、正徳元（一七一一）年。

天真斎本源自性居士　八月十九日　原三貞父三信　元弘

長崎に学んだ六代三信元弘です。
「三貞」は六代の息子です。七代三信は、襲名する前の名が「三貞」だったと思われます。
これ以後、戒名に「三信」の文字をおりこんでいる人がつづきます。この人たちが原三信を襲名したとみて、歴代三信の没年を書き出します。

三信宗覺居士　　享保十二（一七二七）年　　七代

三信常具居士　　安永八（一七七九）年　八代
救療院現譽三信道意居士　　寛政九（一七九九）年　九代
道元院入譽法海三信居士　文化十三（一八一六）年　十代
得證院入譽是法三信居士　天保十三（一八四二）年　十一代
安立院樂譽三信居士　明治二十七（一八九四）年　十二代
宝渚院即到日信居士　大正十一（一九二二）年　十三代
順正院淨信日三居士　昭和三十一（一九五六）年　十四代
智信院厚誉人慧澄和居士　平成十二（二〇〇〇）年　十五代

先代の死去から当代の死亡までを単純計算すると、次のようになります。

七代　十六年　一七一一〜二七
八代　五十二年　〜七九
九代　二十年　〜九九
十代　十七年　〜一八一六
十一代　二十六年　〜四二

十二代　五十二年　　　　　～九四
十三代　二十八年　　　～一九二二
十四代　三十四年　　　　～五六
十五代　四十四年　　～二〇〇〇

この歴代三信の実質的な「当主」期間は、平均すると三十二年。

長い方では、八代と十二代がどちらも五十二年、次は十五代の四十四年です。ただ、実際に三信を名乗った期間とは、必ずしも一致しません。生存中に「隠居」して襲名すれば、短くなったり、長くなったりするからです。

ところで、極楽寺にある過去帳の記録は、元和年間（一六一五～）から始まっています。

一方、初代原三信は、初代藩主、長政のときに藩医として仕え始めたとされていますが、延宝七（一六七九）年に「金之助」のことが過去帳に書かれるまでのおよそ六十年間、原家に関する記録が見当たりません。このことは、それより前は墓所がよそにあって、ある時期に転居してきたことをあらわしているのではないでしょうか。六代三信がどこからか、極楽寺の近くに引っ越して来たとすれば、つじつまが合います。

では、この時代、藩士の転居はどんな場合があったでしょうか。

現代のサラリーマンに置きかえてみると、転居には転勤がつきものです。藩主や世子には参勤交代がありました。藩士の転勤としてありうるのは、一つは江戸、大坂、京都の藩邸勤めがありますが、本国の家や墓地を移す理由にはなりにくいでしょう。

もう一つ、福岡藩の場合、本藩と支藩の間の異動というのが考えられます。

福岡藩には、秋月藩と東蓮寺藩（のちの直方藩）の二つの支藩がありました。享保四（一七一九）年、黒田継隆が直方藩から迎えられて六代藩主になったとき、直方藩は廃止されて、藩士は本藩に移り、藩士の宅地を西新（現・福岡市早良区）に集めたことがあります。

また、これより早い延宝五（一六七七）年、直方藩の三代藩主・長寛が本藩の養嗣子（のちの四代藩主綱政）となったときに、領地を本藩に戻した時期がありました。極楽寺に「金之助」が葬られる二年前です。六代三信の転勤もありうる話です。

六代三信が金之助を亡くしたのは、二十代前半だったと思われます（生年を一六五五年と推定すれば二十四歳。第一章「六代と益軒」参照）。

原三信家の墓地の記録は、こうした人事異動を示唆しているのかもしれません。

メイヨークリニック

戦争で大きく被災した原家一門は、戦後、福岡市内各地で病院再建にとりくみました。三信の本家と、志免太郎と實の二つの分家の、戦中戦後の歩みをおおまかにたどります。

本家では、昭和二十八（一九五三）年、和彦が九大泌尿器科を退局して家業につきました。やがて九大医学部を卒業した恒彦、さらに孝彦、武彦も医師として病院経営に加わりました。

昭和三十（一九五五）年、医療法人三信会原病院（病床数六九）を設立しました。翌年、十四代三信が亡くなり、和彦が十五代を襲名します。同四十二年には総合病院の認可を受けました。平成三（一九九一）年に循環器病棟を開設し、病床数五百に増床しました。同五年、十五代は女婿の平祐二に院長職を譲り、病院名を「原三信病院」に変更しています。

一方、志免太郎は戦時中に東中洲（福岡市博多区）の医院を閉鎖して香椎（福岡市東区）に疎開していましたが、戦後の昭和二十九（一九五四）年、医療法人明錬会原病院（香椎原病院）を設立しました。しかし、長男安彦が同六一年に六十六歳で亡くなります。志免太郎も平成三（一九九一）年に百八歳で亡くなり、その五年後、香椎原病院は原三信病院と合併しました。

また、實は、橋口町に開業していた小児科医院が戦災で焼け、昭和二十四（一九四九）年に薬研町（福岡市中央区天神）に移転しました。その小児科医院を長男養一郎にまかせ同二十九年、福岡市南区若久に用地を得て、次男敬二郎とともに医療法人恵光会「原病院」を建設しました。当時の国民病とされた結核の療養所もスタートさせました。

その後、養一郎は昭和五十五（一九八〇）年、福岡市西区に「生の松原病院」を設立します。平成四（一九九二）年に養一郎が逝去した後は息子の信也が引き継ぎました。平成九年、「医療法人　福岡リハビリテーション病院」と改名したあと、弟の道也がうけついでいます。

實の三男である寛（私）は昭和四十二（一九六七）年、「原土井病院」（福岡市東区青葉）を開設しました。三十三床で出発し、平成八（一九九六）年には計五五六床を有する高齢者医療の病院になっています。昭和五十一（一九七六）年に設立した看護専門学校（三年課程、学年定員八十人）は看護師の養成を続けています。

ここで、本家の歩みに戻ります。

十五代原三信（和彦）は大正十三（一九二四）年一月八日生まれ。九州大学医学部を卒業し、九大泌尿器科医局に在籍した後の昭和二十八（一九五三）年、家業の病院に入りました。

父（十四代）が糖尿病を患い、十五代は三十歳のときから代用院長を務めます。医療法人を設立したころからめざしたのは、「日本のメイヨークリニック」設立でした。

メイヨークリニックは、アメリカのミネソタ州に本部を置く巨大総合病院で、イギリス出身の外科医ウィリアム・メイヨーの息子兄弟二人が中心となり、十九世紀末に創設しました。全科共通のカルテ管理とチーム医療の良さや、医療収益を教育、研究の財源とする非営利組織などで知られます。

総合病院をめざした十五代は、病院のスタッフとして、優秀な人材を母校の九州大学に求めました。外科の成富義幸と内科の花田基典の二人はその代表格です。二人は、弟の恒彦とともに病院の副院長として院長の十五代を支えました。花田は、九大の医学部で恒彦の同級生。成富は二年先輩にあたります。

孝彦、武彦の弟たちを加えた兄弟と強力なパートナーたちによって、「日本のメイヨークリニック」づくりの目標は、順調にすすんでいるように見えました。

ところが、恒彦、孝彦、そして武彦と、十五代の三歳から八歳年下の弟たちは、四十代、五十代で次々に先立ちました。主な原因はC型肝炎でした。三人はC型肝炎から肝硬変に移行し、がんが発症しました。当時はまだC型肝炎のウイルスが発見されておらず、治療法もありませんでした。

志なかばで、弟たちは亡くなったのです。

「友達を亡くしたみたいだ。さびしい」

十五代は力をおとしました。

十五代の決断

博多湾に面する名島城跡（福岡市東区）は、元は立花氏の出城でした。天正十五（一五八七）年、毛利元就の三男、小早川隆景が筑前の領主となってから、養子の秀明（豊臣秀吉の甥）が備前岡山に転封される慶長五（一六〇〇）年まで十三年間、小早川氏の居城がありました。

三方を海に囲まれた城趾には宗像三女神を祭神とする名島神社があり、海に面して鳥居が立っています。ここからほど近い海際に、十五代原三信の自宅があります。

かつては祖母ヒサが茶席を設けた別荘でしたが、ヒサが昭和二十七（一九五二）年に亡くなったあと、病院の拡張にともなって住居を移していました。

平成になってから、三信は庭で一人、黙々と草むしりをすることが多くなりました。

妻の順子が顔をのぞかせると、言いました。

「お前は百姓の娘のくせに、草も取りきらん」

ぼやくようにして、二時間も三時間もむしり続けました。

「ああ、これは、何か考え事をしてるんだろうな」

順子はそう思って、ながめていました。

三信はしばらくして、院長職を娘婿の平祐二に譲り、病院名を「三信会原病院」から「原三信病院」に変える決定を周囲に伝えました。

院長引退は平成五（一九九三）年四月、病院名変更は同年六月のことです。

「世襲は、もう時代にあわなくなった。
原三信の名前を病院名に残しておけば、
ご先祖にも申しわけできるんじゃないかなあ」

三信は、ほっとした表情を見せるようになりました。「襲名」という重責から解放されたのです。この年夏の「財界九州」誌に三信のインタビュー記事があります。

「原病院の院長が原三信であることは、私で最後になるだろうと思っていた」

三十代のころから、心中ひそかにそう思っていました。誰に相談するわけでもありませんで

日野原先生（前列右から二番目）と並ぶ著者（その左）
十五代の自宅にて、平成12年

した。

「仏作って魂入れずという言葉があるが、わが国の病院は、病院という仏像は欧米と同じものをつくったが、愛と奉仕の精神という心を病院の中に入れていない」

　平成六（一九九四）年、十五代は、先祖から伝わった近世・近代の古文書や書籍、絵画、彫刻・工芸品など計五百七十八点を福岡市博物館に寄贈しました。阿蘭陀外科免状と、解剖書、外科術絵巻の写本の三点は、火事で焼失しないように運び出すことになっていましたから、十五代はまだ若かった戦前、火事の半鐘が鳴って避難するときに家から持ち出し、橋口町の實宅に向けて逃げたことがあったそうです。

　十五代は、資料の博物館寄贈から六年後の

平成十二（二〇〇〇）年一月二十六日に亡くなりました。満七十六歳、男の兄弟六人のなかでは最も長命でした。

十五代が亡くなった後、日野原重明先生（聖路加国際病院名誉院長）が福岡市名島の十五代の自宅に駆けつけてくださいました。「まえがき」にも書きましたように、日野原先生とは「病院経営の理想は、利益の追求に走らず、患者の望む治療をするために、全職員がパートナー意識をもって、質の高い医療をすること」という医療に対する考え方に共鳴して、同志としての友情を感じております。

歴史案内の電柱パネル

原三信病院の北側の路地に立つ電柱に歴史案内のパネルがはり付けてあります。「博多大空襲から大濱の町を守った『原病院旧館』」とのタイトルに次の文が添えてあります。「焼夷弾の直撃を免れたこの町へ延焼の炎は南側からも迫って来たが、当時民間病院としては珍しいコンクリート造であったため、旧館の南側に植えられていた楠の大木と共に、防火壁の役を果たした。しかし残念なことに、旧館南隣の木造の院長宅は、20日朝に疎開する予定で玄関に山積みされていた藩医時代からの貴重な文化財と共に灰燼に帰してしまった」

　このパネルは、博多の歴史を電柱に記そうと狙うプロジェクトで掲げられました。

　戦後、増築を重ねていた原三信病院に平成二十六（二〇一四）年、新棟（東館）が完成しました。地上八階地下一階の近代的なビルの一階ラウンジの壁面に、病院の歴史を紹介するパネルが掲げられています。六代原三信が長崎から持ち帰った外科免状、筆写したパレの「外科術式図譜絵巻」とレメリンの解剖書。明治以降の十二～十五代の三信四人の写真が並び、オラン

大空襲と原病院旧館の歴史を紹介する電柱パネル

ダの国立ライデン大学から贈られたブールハーフェ・メダルの写真が添えられています。

このメダルは、六代三信がオランダ外科免状を受けてからちょうど三〇〇年になる一九八五年、歴代三信が連綿と医業を受け継ぎ、資料を保存し続けている功績をたたえて授与された学術賞です。

医業四百年と一子相伝の解剖書

福岡で四百年以上にわたり同じ職業（医業）を家業として続けている家系を、私はほかに知りません。原三信の一族は、現代も子孫が福岡市内の各地域に散って割合に大きな病院を経営しています。

それぞれが独立した経営でありますが、何か必要があれば集まります。蘭方医三百年記念と十五代三信のオランダ・ライデン大学ブールハーフェ・メダル賞受賞記念の際、共同でオランダ・ヨーロッパ記念「六代原三信蘭方医三百年記念奨学会」を設立し、運営しているのもその一例です。

黒田長政が福岡城主となったあと、原三信は藩医として仕え、外科医として医療活動に従事しました。六代三信がオランダ外科術を学び、日本最初の解剖書訳本の写本を残しておりますが、これを一切外に出さず一子相伝として子孫に伝えました。

なぜ、一子相伝としたのでしょうか。私は、こう考えています。

六代三信が長崎でオランダ医学を学んだころは、キリスト教禁制の厳しい時代でした。ところが、当時の解剖書は、聖書の文言が数多く入っていて、当然、幕府の禁制にふれるものでした。また、幕閣や大名など特別な人びとはともかく、一般には洋書を持つこと自体が禁じられていました。かろうじて漢訳のフィルターをかける形で洋書輸入が認められるのは、六代三信の長崎修業から三十年以上あとの一七二〇年です。

三信は、解剖書を出版して有名になろうと思ったり、偉くなろうと思ったりすることよりも、禁制を破ることによる危険を避けて、医師という職業人として、家業、そして家族を守ろうという気持ちが強かったのだと思います。解剖書を一子相伝として外に出さなかったことは、家を守るだけでなく、医を家業として存続させることにもつながりました。オランダ医学を学んだ江戸時代の先祖以来、家業に先端医術をとりいれる精神を、ＤＮＡのように代々もちつづけているといえます。

幕末になると、十二代三信は平野国臣や加藤司書らと勤王側に立ちながらも、何とか家を守り、十三代を最初の西洋医学校（福岡医学校）に行かせました。明治十二年には福岡県から外科医開業許可を受けて、私立で最初の医院を作り家業を発展させています。

十三代になると、県立福岡病院解体材の払い下げを受けて私立病院を開業し、最先端の医学を取り入れ看護学校、レントゲン機械を入れ福岡一の近代的病院にしました。二人の義兄弟は、天神、中洲に各々が病院を作りました。

戦後、福岡市は戦災で焼失しました。昭和二十年六月十九日の福岡大空襲のときも、住宅その他兄弟の病院（天神・中洲）も消失、鉄筋五階建ての三信病院は残ったので、緊急病院として活躍しています。病院をいち早く復興させ、新しい設備を導入し、福岡市と共に発展してきました。各兄弟の病院も戦後に復興しました。さらに次の世代が病院を発展させ、五病院、一学院（看護学校）となっています。

あとがき

十五代と同じ世代の原家の一族は残り少なくなりました。

十四代や父・實、叔父・志免太郎から聞いたこと、書き残したもの、生前の十五代と話し合っていた事柄を、医業四百年の本として纏めてみました。また「解體新書」よりも古い解剖書の存在することも知っていただきたいと考えました。

私は、日頃から医業によって社会貢献できればと願っており、社会との「つながり」を保つためにも「健康長寿」の必要を考え、実践しております。それには、食事や運動に気を配る「養生訓」（貝原益軒）をお手本としております。常日頃から「養生」することこそが、病気の予防にも長寿にも繋がるということです。

出版にあたり、原三信の菩提寺である極楽寺のご協力をたまわり、江戸時代初期からの先祖累代の記録をたどることができました。厚く御礼を申し上げます。

本書を纏めるにあたっては、元朝日新聞記者の八板俊輔氏が各種資料の調査に当たってくださいました。

資料調査・収集に際しては、福岡市博物館の顧問田坂大蔵さん、学芸課の又野誠さん、九州大学名誉教授のヴォルフガング・ミヒェルさんに貴重かつ丁寧なアドバイスをいただきました。福岡県立図書館、九州大学、長崎歴史文化博物館、京都府立医科大学にもさまざまな支援を受けました。また、企画段階からお骨折りいただいた石風社の福元満治代表をはじめ、江崎尚裕さんには多大なご苦労をおかけし、古文書、手紙類の判読では、梅本真央さんにご助力をいただきました。

みなさまに、心から感謝申し上げます。

二〇一七年七月吉日

原　寛

◉歴代原三信関連年譜（原三信初代〜六代の生年は推定）

年	歴代三信・年齢（）内は推定	原家の出来事（）内は推定	世の中の出来事
一五四三（天文一二）			ヴェサリウス解剖書刊行 種子島に鉄砲伝来
一五四六（天文一五）		（「初代原三信」誕生）	黒田孝高（如水）誕生
一五五〇（天文一九）			ザビエル博多に来る
一五六八（永禄一一）			黒田長政誕生
一五六九（永禄一二）		（「二代」誕生）	毛利、大友の両軍、多々良浜、博多で戦う
一五八七（天正一五）	（初代）	（博多で医業をはじめる）	豊臣秀吉が九州平定、博多を復興
一五九二（文禄元）		（「三代」誕生）	秀吉が朝鮮に出兵、原田信種も加わる
一六〇〇（慶長五）			関ヶ原の戦い 黒田長政、筑前国五十二万石領す
一六〇三（慶長八）		（このころ、藩医として仕える）	江戸幕府創立
一六一三（慶長一八）		（「四代」誕生）	レメリン解剖書「小宇宙鑑」ラテン語版出版
一六三三（寛永一〇）		（「五代」誕生）	栗山大膳、奥州南部に流される
一六三七（寛永一四）	（四代）	（島原の乱で医療活動）	島原の乱起こる
一六三九（寛永一六）			鎖国の完成
一六四五（正保二）	（五代）	（「四代」のもとで修業積む）	池田輝興夫人死去、極楽寺に葬る

一六五五（明暦元）		（六代元弘が誕生）	長崎で台場七ヶ所完成
一六五九（万治二）			黒田綱政誕生
一六六七（寛文七）			伊藤小左衛門、密貿易で処刑
一六七六（延宝四）			末次平蔵、密貿易で流刑
一六七九（延宝七）		「原三信悴　金之助」死去（七代、この前後に誕生）	
一六八五（貞享二）	六代	元弘の蘭方外科免状に医師署名	
一六八六（貞享三）		蘭方外科免状に通詞署名、授与	密輸事件で処刑、商館長ら国外退去
一六八七（貞享四）		六代・元弘、解剖書の写本終える	
一六八八（元禄元）			四代藩主に黒田綱政
一七〇七（宝永四）			三代藩主黒田光之没
一七一一（正徳元）		六代・元弘死去（八代は幼少？）	藩主綱政没、五二歳
一七一四（正徳四）			貝原益軒没、八四歳
一七二〇（享保五）			漢訳洋書の輸入解禁
一七二七（享保一二）	（七代）	四月死去	
一七三二（享保一七）			享保の大飢饉
一七七四（安永三）			杉田玄白ら「解体新書」刊行
一七七九（安永八）	（八代）	九月死去	

一七九七（寛政九）	（九代）	六月死去	
一八一六（文化一三）	（十代）	二月死去	
一八二五（文政八）			異国船打払令
一八三六（天保七）		十二代・蘇仙誕生	
一八四二（天保一三）	十二代　六歳	十一代死去 十二代「遺跡」	アヘン戦争（１８４０～）終わる
一八五三（嘉永六）	一七歳		米国ペリー提督浦賀来航
一八五四（安政元）	一八歳		日米和親条約締結、開国
一八五五（安政二）	一九歳	十二代の母が死去	古川俊平（写真）、藤野良泰（医学）ら長崎派遣
一八五六（安政三）	二〇歳	十二代・アサ夫婦が愛宕宮で立願文	
一八五七（安政四）	二一歳	北條右門等が入定寺で会合	
一八五八（安政五）	二二歳		日米通商条約締結 安政の大獄　月照入水
一八五九（安政六）	二三歳		梅田雲浜獄死
一八六〇（万延元）	二四歳		公武合体
一八六一（文久元）	二五歳		桜田門外の変
一八六二（文久二）	二六歳		寺田屋事件
一八六三（文久三）	二七歳	十三代・崎次郎誕生	生野の変に平野国臣ら挙兵

一八六四（元治元）	二八歳		平野国臣獄死　池田屋事件
一八六五（慶応元）	二九歳		三条実美ら五卿、大宰府に来る 乙丑の獄、加藤司書ら刑死
一八六六（慶応二）	三〇歳		薩長同盟成立
一八六七（慶応三）	三一歳	服部ヒサ誕生	福岡藩が医学校「賛生館」設置 大政奉還
一八六八（明治元）	三二歳		明治維新
一八七〇（明治三）	三四歳		太政官札贋造事件
一八七一（明治四）	三五歳	種痘苗手数料の書付	廃藩置県　日高鉄翁死去
一八七四（明治七）	三八歳	十二代、佐賀の乱に従軍	佐賀の乱　古川俊平が写真館開業
一八七六（明治九）	四〇歳	佐賀の乱「勉励賞金」受ける	金禄公債交付の布告 神風連の乱、秋月の乱、萩の乱
一八七七（明治一〇）	四一歳		西南戦争、福岡の変
一八七八（明治一一）	四二歳		大久保利通暗殺
一八七九（明治一二）	四三歳	十二代が外科医開業 コレラ治療取締	琉球処分
一八八〇（明治一三）	四四歳	十二代愛蔵の瓢箪に拝山が題詩 十三代・崎次郎の兄・磯熊死去	福岡県立福岡医学校設立 「玄洋社」設置認可
一八八一（明治一四）	四五歳		国会開設
一八八二（明治一五）	四六歳	原田志免太郎誕生	

一八八五（明治一八）	四九歳		福岡で歩兵第二四連隊発足
一八八六（明治一九）	五〇歳	十三代・崎次郎が県立福岡医学校卒業、ヒサと結婚	長崎清国水兵事件
一八八七（明治二〇）	五一歳		東中洲で第五回九州沖縄八県連合共進会
一八八八（明治二一）	五二歳		福岡県立福岡病院が開院
一八八九（明治二二）	五三歳	十四代・信彦誕生	福岡市が市制施行（四月）、九州鉄道（博多—久留米）開業
一八九〇（明治二三）	十三代 二七歳	崎次郎が十三代三信襲名	大日本帝国憲法施行
一八九一（明治二四）	二八歳	半田久雄が陸軍に結婚願（崎次郎妹フサと）	
一八九四（明治二七）	三一歳	十二代・蘇仙死去、五八歳 十三代が日清戦争従軍	日清戦争宣戦布告（八月）
一八九五（明治二八）	三二歳	佐野實誕生	日清講和調印（四月）
一八九六（明治二九）	三三歳	志免太郎が十三代の書生となる	福岡県立福岡病院が千代の松原に完成
一九〇〇（明治三三）	三七歳		博多築港起工
一九〇二（明治三五）	三九歳	私立原病院開設	
一九〇三（明治三六）	四〇歳	愛宕下に分院設立	京都帝国大学福岡医科大学開設
一九〇四（明治三七）	四一歳		日露戦争

一九一〇（明治四三）	四七歳		福博電気軌道が営業開始
一九一一（明治四四）	四八歳	原病院でサルバルサン処方開始	九州帝国大学開設（医科、工科）
一九一二（大正元）	四九歳	志免太郎、原シゲと結婚	七月三〇日に大正に改元
一九一六（大正五）	五三歳	十四代、柴田アサと結婚	
一九一九（大正八）	五六歳	實、原ヒデと結婚	
一九二二（大正一一）	十四代 三三歳	十三代死去、五九歳	
一九二三（大正一二）	三四歳		関東大震災
一九二四（大正一三）	三五歳	十五代・和彦誕生 實がベルリン留学	
一九三〇（昭和五）	四一歳	原病院が五階建て新築	
一九三二（昭和七）	四三歳	實の三男寛誕生	五・一五事件 満州国建国宣言
一九三六（昭和一一）	四七歳	十三代妻ヒサ「古希」	二・二六事件
一九三七（昭和一二）	四八歳		広田弘毅内閣総辞職
一九四五（昭和二〇）	五六歳	福岡大空襲で原家住宅焼失	第二次世界大戦終結
一九五五（昭和三〇）	六六歳	医療法人三信会原病院設立	自由民主党結成・保守合同
一九五六（昭和三一）	十五代 三一歳	十四代死去、六七歳	日本が国連加盟
一九八五（昭和六〇）	六一歳	蘭方医三百年記念出版	日航機墜落事故
一九八六（昭和六一）	六二歳	ライデン大学・学術賞ブールハーフェ・メダル受賞	ロッテルダムで日蘭交流文化展

一九九一（平成三）	六七歳	志免太郎死去、満一〇八歳 實死去、九五歳	ソビエト連邦解体
一九九三（平成五）	六九歳	十五代、院長を平祐二と交代 「原三信病院」に名称変更	非自民連立細川護煕内閣発足
一九九四（平成六）	七〇歳	福岡市博物館に資料寄贈	自さ社連立の村山富市内閣発足
二〇〇〇（平成一二）	七六歳	十五代死去	九州・沖縄サミット

◉主な参考図書

「養生訓・和俗童子訓」貝原益軒著　石川兼校訂　岩波文庫
「福岡人物誌1貝原益軒」岡田武彦監修　西日本新聞社
「黒田三藩分限帳」福岡地方史談話会編　福岡地方史談話会
「福岡藩分限帳集成」福岡地方史研究会編　海鳥社
「物語福岡藩史」安川巌　文献出版
「新訂黒田家譜」（一〜七巻）川添昭二・福岡古文書を読む会校訂　文献出版
「増補続筑前国続風土記」貝原益軒　伊藤尾四郎校訂　文献出版
「筑前国続風土記拾遺」青柳種信　福岡古文書を読む会校訂　文献出版
「福岡県史通史編福岡藩文化」（上・下）西日本文化協会編　福岡県
「新長崎市史第二巻近世編」長崎市史編さん委員会編　長崎市
「新釈犯科帳1〜3巻」安高啓明　長崎文献社
「阿蘭陀商館物語」宮永孝　筑摩書房
「日本で初めて翻訳した解剖書」原三信編（六代原三信蘭方医三百年記念奨学会）
「日本最初の西洋解剖書の翻訳 レメリン解剖書の訳本と十七世紀の蘭方外科」（右掲書所収）酒井シヅ
「太田黒玄淡の阿蘭陀外科免許状とその背景について」（『日本医史学雑誌第49巻第3号、2003』）ヴォルフガング・ミヒェル、杉立義一
「平田長太夫の阿蘭陀流外科修業書とその背景について」（『中津市歴史民俗資料館分館医家史料館叢書X　史料と人物Ⅲ』）ヴォルフガング・ミヒェル　中津市歴史民俗資料館
「まんが医学の歴史」茨木保　医学書院

「龍造寺党戦記」劉寒吉　新人物往来社
「日本一長生きした男 医師原志免太郎」安藤憲孝　千年書房
「玄海の浜辺から」古川俊隆
「栗山大膳」（森鴎外全集第4巻）森鴎外　筑摩書房
「平野國臣傳」春山育次郎　平凡社
「倒幕軍師 平野国臣」日下藤吾　叢文社
「博多町人と学者の森」朝日新聞福岡本部編　葦書房
「頭山満翁正伝 未定稿」葦書房
「九州大学医学部百周年記念写真集1903〜2003」
「明治の博多記」橋詰武生　福岡地方史談話会
「森鴎外と日清・日露戦争」末延芳晴　平凡社
「歩兵第二十四聯隊歴史」五十君正広編　歩兵第二十四聯隊
「古地図の中の福岡・博多」宮崎克則　福岡アーカイブ研究会編　海鳥社
「博多に生きた藩医 原三信の四百年」原寛　石風社

原　寛（はら ひろし）

1932 年福岡市に生まれる。
福岡県立福岡高等学校、九州大学医学部卒業。
九大精神神経科入局、医学博士号修得（九州大学医学研究院 生理学）。
1967 年原土井病院を開設、同病院理事長。
1976 年原看護専門学校を設立。
日本慢性期医療協会、全国公私病院連盟などの理事。
多々良福祉会、能古博物館の理事長を務める。
著書に『新老人のすすめ』、『博多に生きた藩医　原三信の四百年』『養生学』他。

原三信と日本最古の翻訳解剖書

二〇一七年九月三十日初版第一刷発行

著　者　原　寛
発行者　福元満治
発行所　石　風　社
福岡市中央区渡辺通二―三―二十四
電　話　〇九二（七一四）四八三八
ＦＡＸ　〇九二（七二五）三四四〇
印刷製本　シナノパブリッシングプレス

あごら九州　編
あごら　雑誌でつないだフェミニズム　全三巻
世界へ拓いた日本・フェミニズムの地道な記録——一九七二年〜二〇一二年の半世紀にわたり、全国の女性の声を集め、個の問題を社会へ開いた情報誌『あごら』とその運動の軌跡。主要論文をまとめた一・二巻、『あごら』の活動を総括した三巻の三部構成　各2500円

渡辺京二
細部にやどる夢　私と西洋文学
少年の日々、退屈極まりなかった世界文学の名作古典が、なぜ、今読めるのか。小説を読む至福と作法について明晰自在に語る評論集。〈目次〉世界文学再訪／トゥルゲーネフ今昔／『エイミー・フォスター』考／書物という宇宙他　1500円

松浦豊敏
越南《えつなん》ルート
華北からインドシナ半島まで四千キロを行軍した冬部隊一兵卒の、戦中戦後を巡る自伝的小説集。戦争を生きた人間の思念が深く静かに鳴り響く、戦争文学の知られざる傑作。別れ／越南ルート／青瓦の家／マン棒とり　1800円

宮崎静夫
十五歳の義勇軍　満州・シベリアの七年
阿蘇の山村を出たひとりの少年がいた——。十五歳で満蒙開拓青少年義勇軍に志願、十七歳で関東軍に志願、敗戦そして四年間のシベリア抑留という過酷な体験を経て帰国、炭焼きや土工をしつつ、絵描きを志した一画家の自伝的エッセイ集　2000円

斉藤泰嘉
佐藤慶太郎伝　東京府美術館を建てた石炭の神様
日本のカーネギーを目指し、日本初の美術館を建て、戦局濃い中「美しい生活とは何か」を希求し続けた九州若松の石炭商の清冽な生涯。「なあに、自分一代で得た金は世の中んために差し出さにゃ」。佐藤新生活館は現在の山の上ホテルに　【2刷】2500円

毎日新聞西部本社
熊本地震　明日《あす》のための記録
熊本県益城町、南阿蘇、熊本市内他——甚大な被害を齎した熊本地震の最中、人びとはそれぞれの場で生きるために、明日のために、懸命に動いた。本書は、現場に即した記事と写真で、市民生活からインフラまでの被害と対応の諸相に迫る　1800円

＊読者の皆様へ　小社出版物が店頭にない場合は「地方・小出版流通センター扱」か「日販扱」とご指定の上最寄りの書店にご注文下さい。なお、お急ぎの場合は直接小社宛ご注文下されば、代金後払いにてご送本致します（送料は不要です）。

＊表示価格は本体価格。定価は本体価格＋税です。

農中茂徳

三池炭鉱　宮原社宅の少年

昭和三〇年代の大牟田の光と影。炭鉱社宅での日々を遊び盛りの少年の眼を通して生き生きと描く。「宮原社宅で育った自分史が、そのまますぐれて希少な地域史となり、三池争議をはさむ激動の社会史の側面をもっている」（東京学芸大学名誉教授 小林文人）【3刷】１８００円

阿部謹也

ヨーロッパを読む

「死者の社会史」、「笛吹き男は何故差別されたか」から「世間論」まで、ヨーロッパにおける近代の成立を鋭く解明しながら、世間的日常と近代的個に分裂して生きる日本知識人の問題に迫る、阿部史学の刺激的エッセンス【3刷】３５００円

臼井隆一郎

アウシュヴィッツのコーヒー　コーヒーが映す総力戦の世界

「戦争が総力戦の段階に入った歴史的時点で（略）一杯のコーヒーさえ飲めれば世界などどうなっても構わぬと考えていた人間が、どのような世界に入り込んで苦しむことになるかの典型例をドイツ史が示していると思われる」（「はじめに」より）【2刷】２５００円

池田善朗

地形から読む　筑前の古地名・小字

薬院＝泥地。警固＝崩壊地。呉服町＝湿地。筑紫＝丘陵。遠賀＝高台漢字以前のヤマトコトバの音韻と、現地の自然地形をベースに、消えた大字《おおあざ》・小字《こあざ》他地域の類似する地名まで細かく調査。旧筑前エリア４５０ヶ所の由来を解く　１９００円

毎日新聞西部本社報道部

北九州市　50年の物語

２０１３年２月で市制50周年を迎えた北九州市。62年の５市合併から現在まで、忘れられない出来事や事件を、当時の貴重な報道写真とともにふりかえる、半世紀のタイムトラベル。北九州市のディープな記録・記憶が満載の１冊（写真多数収録）【3刷】１５００円

毎日新聞西部本社報道部

北九州市　戦後70年の物語

終戦から70年、５市合併から51年、秘蔵写真も発掘して北九州の光と影をドキュメントする『北九州市　50年の物語』続編。戦中、戦後の節目に撮影された、庶民の表情あふれる貴重な写真など合わせて１８０点あまりを掲載【2刷】１５００円

＊読者の皆様へ　小社出版物が店頭にない場合は「地方・小出版流通センター扱」か「日販扱」とご指定の上最寄りの書店にご注文下さい。なお、お急ぎの場合は直接小社宛ご注文下されば、代金後払いにてご送本致します（送料は不要です）。